Músicas Sagradas

Encantos da Natureza

OXÓSSI, CABOCLOS E CABOCLAS

Severino Sena
e Luciana Barletta

Músicas Sagradas
Encantos da Natureza
OXÓSSI, CABOCLOS E CABOCLAS

MADRAS®

© 2019, Madras Editora Ltda.

Editor:
Wagner Veneziani Costa

Produção e Capa:
Equipe Técnica Madras

Revisão:
Severino Sena
Luciana Barletta
Arlete Genari

Dados Internacionais de Catalogação na Publicação (CIP)
(Câmara Brasileira do Livro, SP, Brasil)

Sena, Severino
 Músicas sagradas : encantos da natureza : oxóssi,
caboclos e caboclas / Severino Sena e Luciana
Barletta. -- São Paulo : Madras, 2019.
 Bibliografia.
 ISBN 978-85-370-1196-6

 1. Música 2. Partituras musicais 3. Umbanda
(Culto) I. Barletta, Luciana. II. Título.

19-25044 CDD-299.672

Índices para catálogo sistemático:

1. Partituras musicais : Umbanda : Religião 299.672
Cibele Maria Dias - Bibliotecária - CRB-8/9427

É proibida a reprodução total ou parcial desta obra, de qualquer forma ou por qualquer meio eletrônico, mecânico, inclusive por meio de processos xerográficos, incluindo ainda o uso da internet, sem a permissão expressa da Madras Editora, na pessoa de seu editor (Lei nº 9.610, de 19/2/1998).

Todos os direitos desta edição reservados pela

MADRAS EDITORA LTDA.
Rua Paulo Gonçalves, 88 – Santana
CEP: 02403-020 – São Paulo/SP
Caixa Postal: 12183 – CEP: 02013-970
Tel.: (11) 2281-5555 – Fax: (11) 2959-3090
www.madras.com.br

Índice

Apresentação 13

Luiz Schiavon 15

Palavra dos Autores 17

Partitura do Toque do Nagô e Variações 21

Partitura do Toque do Ijexá e Variações 22

Partitura do Toque do Angola e Variações 23

Partitura do Toque do Congo e Variações 24

Partitura do Toque do Barra vento e Variações 25

Abertura da Gira Pontos 01, 02 e 03 26

Partitura dos Pontos da Abertura da Gira Pontos 01, 02 e 03 27

Batimento de Cabeça Pontos 04, 05 e 06 28

Partituras do Batimento dos Pontos de Cabeça Pontos 04, 05 e 06 29

Batimento de Cabeça Ponto 07 30

Partitura do Ponto de Batimento de Cabeça 07 31

Pontos de Defumação Oxóssi, Pontos 08 32

Partituras dos Pontos de Defumação Oxóssi 08 33

Pontos de Defumação Ogum, Pontos 09 34

Partituras dos Pontos de Defumação Ogum 09 35

Ponto de Defumação da Jurema 10 36

Partitura do Ponto de Defumação da Jurema 10 34

Ponto de Defumação Preto-Velho 11 38

Partitura do Ponto de Defumação Preto-Velho 11 39

Ponto de Defumação da Jurema 12 40

Partitura do Ponto de Defumação Jurema 12 41

Ponto de Defumação Oxum 13 42

Partitura do Ponto de Defumação Oxum 13 43

Ponto das Sete Linhas 14 44

Partitura do Ponto das Sete linhas 14 45

Ponto de Oxóssi é um Rei 15 46

Partitura de Oxóssi é um Rei 15 47

Ponto de Oxóssi – Sexta-feira Treze 16 48

Partitura do Ponto Oxóssi – Sexta-feira Treze 16 49

Ponto de Oxóssi – Cavaleiro de Aruanda 17 50

Partitura do Ponto de Oxóssi – Cavaleiro de Aruanda 17 51

Ponto de Oxóssi, Eu Vi Chover, Eu Vi Relampear 18 52

Partitura do Ponto de Oxóssi, Eu Vi Chover, Eu Vi Relampear 18 53

Ponto de Oxóssi – Odé é São Sebastião 19 54

Partitura do ponto Oxóssi – Odé é São Sebastião 19 55

Ponto de Oxóssi – Sindole lê Auê Cauiza 20 56

Partitura do ponto Oxóssi – Sindole lê auê Cauiza 20 57

Ponto de Oxóssi – Nas Matas da Jurema 21 58

Partitura do ponto de Oxóssi – Nas Matas da Jurema 21 59

Ponto de Oxóssi – Oxóssi é um Rei 22 60

Partitura do Ponto de Oxóssi é um Rei 22 61

Ponto de Oxóssi – Com o Poder da Lua 23 62

Partitura do Ponto de Oxóssi – Com o Poder da Lua 23 63

Ponto de Oxóssi – As Matas Estavam Escuras 24 64

Partitura do Ponto de Oxóssi – As Matas Estavam Escuras 24 65

Ponto de Oxóssi – Estrela Dalva, Estrela Divina 25 66

Partitura do Ponto de Oxóssi – Estrela Dalva, Estrela Divina 25 67

Ponto de Oxóssi – Senhor das matas virgens 26 68

Partitura do Ponto de Oxóssi – Senhor das matas virgens 26 69

Ponto de Chamada de Caboclos – Oxalá mandou 27 70

Partitura do Ponto de Chamada de Caboclos – Oxalá mandou 27 71

Ponto de Chamada da Cabocla Jurema – Ela vem
de Longe, de Longe Sem Avisar 28 72

Partitura do Ponto Chamada da Cabocla Jurema – Ela vem
de Longe, de Longe Sem Avisar 28 73

Ponto de Chamada de Caboclo – Ele vem
Vindo pelo Rio de Pontas 29 74

Partitura do Ponto de Chamada de Caboclos – Ele vem
Vindo pelo Rio de Pontas 29 75

Ponto de Chamada de Caboclo – Se a Mata é Muito Alta 30 76

Partitura do ponto de Chamada de Caboclo – Se a Mata
é Muito Alta 30 77

Ponto de Chamada de Caboclo – Sabiá Cantou na Floresta 31 78

Partitura do ponto de Chamada de Caboclo – Sabiá Cantou
na Floresta 31 79

Ponto de Chamada de Caboclos – Portão da Aldeia Abriu 32 80

Partitura do Ponto de Chamada – Portão da Aldeia Abriu 32 81

Ponto de Chamada de Caboclos – Caboclo lá
da Samambaia 33 82

Partitura do Ponto de Chamada de Caboclos – Caboclo lá
da Samambaia 33 83

Ponto de Chamada de Caboclo – Se ele é Caboclo
ele Vem na Aldeia 34 87

Partitura do ponto de Chamada de Caboclo – Se ele é Caboclo
ele Vem na Aldeia 34 85

Ponto de Chamada de Caboclo – Quanto tempo
que Eu Não Bambeio 35 86

Partitura do ponto de Chamada de Caboclo – Quanto tempo
que Eu Não Bambeio 35 87

Ponto de Chamada de Caboclos – Tambor, tambor, vai buscar 36 88

Partitura do ponto de Chamada de Caboclo – Tambor,
tambor vai buscar 36 89

Ponto de Chamada do Caboclo Mata Virgem 37 90

Partitura do ponto de Chamada do Caboclo Mata Virgem 37 91

Ponto de Chamada do Caboclo do Fogo 38 92

Partitura do Ponto de Chamada do Caboclo do Fogo 38 93

Ponto de Chamada de Caboclos – É uma Andorinha
é um Caçador 39 94

Partitura do Ponto de Chamada de Caboclos – É uma Andorinha
é um Caçador 39 95

Ponto de Chamada de Caboclos – Vestimenta de Caboclo
é Samambaia 40 96

Partitura do Ponto de Chamada de Caboclo – Vestimenta de Caboclo
é Samambaia 40 97

Ponto de Chamada de Caboclos – Seu Sete Flechas Falou 41 98

Partitura do Ponto de Chamada de Caboclos – Seu Sete
Flechas Falou 41 99

Ponto de Chamada de Caboclos – Saiu das Matas
Coberto de Folhas 42 100

Partitura do Ponto de Chamada de Caboclos – Saiu das
Matas Coberto de Folhas 43 101

Ponto de Chamada da Cabocla Jurema – Minhas Caboclas
Vamos Trabalhar 43 102

Partitura do Ponto de Chamada da Cabocla Jurema – Minhas
Caboclas Vamos Trabalhar 43 103

Ponto da Cabocla Jurema – Jurema. Jurema, Jurema 44 104

Partitura do Ponto da Cabocla Jurema – Jurema,
Jurema, Jurema 44 105

Ponto da Cabocla Iracema – Oh Minha Bela Iracema 45 106

Partitura do ponto da Cabocla Iracema – Oh Minha
Bela Iracema 45 107

Ponto de Caboclos – É hora do Calendário 46 108

Partitura do Ponto de Caboclos – É hora do Calendário 46 109

Ponto de Oxóssi – Nas Matas da Marambaia 47 110

Partitura do Ponto de Oxóssi – Nas Matas da Marambaia 47 111

Ponto de Caboclo – Debaixo do Pé de Ingá 48 112

Partitura do Ponto de Caboclo – Debaixo do Pé de Ingá 48 113

Ponto do Caboclo Cobra Coral – Se a Coral é sua Cinta 49 114

Partitura do Ponto do Caboclo Cobra Coral – Se a Coral
é sua Cinta 49 115

Ponto de Caboclo – Caçador na Beira do Caminho 50 116

Partitura do Ponto de Caboclo – Caçador na
Beira do Caminho 50 117

Ponto da Cabocla Jurema – Bateu Tambor, Tambor 51 118

Partitura do Ponto da Cabocla Jurema – Bateu
Tambor, Tambor 51 119

Ponto do Caboclo Sete Flechas – Foi Numa Tarde Serena 52 120

Partitura do Ponto do Caboclo Sete Flechas – Foi Numa
Tarde Serena 52 121

Ponto dos Caboclos Rompe Mato e Arranca
Toco – Na minha Aldeia 53 122

Partitura do Ponto dos Caboclos Rompe
Mato e Arranca Toco – Na minha Aldeia 53 123

Ponto do Caboclo Tupinambá – Estava na Beira do Rio 54 124

Partitura do Ponto do Caboclo Tupinambá – Estava
na Beira do Rio 54 125

Ponto do Caboclo Ubirajara – Lá nas Matas ele é um Rei 55 126

Partitura do Ponto do Caboclo Ubirajara – Lá nas Matas
ele é um Rei 55 127

Ponto do Caboclo Sete Flechas – Lê le re re re re 56 128

Partitura do Ponto do Caboclo Sete Flechas – Lê le re re re re 56 129

Ponto do Caboclo Pena Branca – Um Grito na Mata Ecoou – 57 130

Partitura do ponto do Caboclo Pena Branca – Um Grito
na Mata Ecoou 57 131

Ponto do Caboclo Mata Virgem – Nasceu lá nas Matas 58 132

Partitura do Ponto do Caboclo Mata Virgem – Nasceu
lá nas Matas 58 133

Continuação do Ponto do Caboclo Mata Virgem 58 134

Continuação da partitura do ponto do
Caboclo Mata Virgem 58 135

Ponto do Caboclo Sete Folhas – Mãe dos Ventos
as Matas Balançou 59 136

Partitura do Ponto do Caboclo Sete Folhas – Mãe dos
Ventos as Matas Balançou 59 137

Ponto de Cabocla na Força dos Pais – Oh Jureme oh Juremaa 60 138

Partitura do Ponto de Caboclas na Força dos Pais – Oh Jureme
oh Juremaa 60 139

Ponto de Cabocla na Força das Mães – Oh Jureme oh Juremaa 61 ... 140

Partitura do Ponto de Cabocla na Força das Mães – Oh Jureme
oh Juremaa 61 141

Ponto da Cabocla Jurema – Capacete de Penas 62 142

Partitura do Ponto da Cabocla Jurema – Capacete de Penas 62 143

Ponto de Subida de Caboclo – Meu Caboclo da Jurema – 63 144

Partitura do Ponto de Subida de Caboclo – Meu Caboclo
da Jurema 63 145

Ponto de Subida de Caboclo – Sua Mata é Longe 64 146

Partitura do Ponto de Subida de Caboclo – Sua Mata é Longe 64 147

Ponto de Subida de Caboclo – Maré Maré 65 148

Partitura do Ponto de Subida de Caboclo – Maré Maré 65 149

Ponto de subida de Caboclo – Mais um Adeus 66 150

Partitura do Ponto de subida de Caboclo – Mais um Adeus 66 151

Ponto de Fechamento da Gira – Eu Fecho a Nossa
Gira com Deus 67 152

Partitura do ponto de Fechamento da Gira – Eu fecho
a Nossa Gira com Deus 67 153

Fontes Consultadas 154

Severino Sena 155

Luciana Barletta 158

Apresentação

Por Maestro Luiz Schiavon

Entre as diversas vertentes de religiões influenciadas pela cultura africana, destacam-se a Umbanda e o Candomblé. A Umbanda pode ser considerada uma manifestação religiosa totalmente brasileira agregando influências dos cultos africanos, mas incorporando outras crenças também, evocando o aspecto miscigenado do país.

A Umbanda assume o sincretismo religioso com a Pajelança do índio, com o culto aos Orixás do negro africano, com a vertente Católica dos europeus e, de certa forma, também com o Espiritismo, visto que os médiuns incorporam espíritos durante os trabalhos.

Fato é que, embora no passado alguns terreiros trabalhassem os cânticos apenas com vozes, hoje o uso de instrumentos de percussão é praticamente geral e existem toques precisos para cada objetivo.

O trabalho apresentado neste songbook coleta e fixa cânticos praticados pelos umbandistas, bem como os toques específicos que devem ser feitos em cada caso.

Trata-se de uma obra de grande importância. Pela primeira vez se dá forma musical a canções que ao longo das décadas vêm sendo transmitidas por tradição oral, estando assim sujeitas a variações e modificações.

O uso de cânticos em trabalhos religiosos é um fenômeno humano em todas as diferentes culturas. Mesmo povos que nunca tiveram contato entre si mostravam, desde o mais remoto passado, que a utilização de cantigas, cânticos, canções, etc., ajudam a obter um estado místico mais profundo e, ao mesmo tempo, facilitam a memorização, pois é comprovado que as melodias auxiliam a fixar os textos na memória.

Dessa maneira o Ogã e musicistas Severino Sena e a Maestrina e Dirigente Espiritual Luciana Barletta compilaram e deram forma litero-musical aos cânticos utilizados na Umbanda.

A importância deste trabalho não se restringe ao aspecto religioso, mas também como uma importante ferramenta para estudo musical, social, artístico e folclórico desse vasto repertório.

A preocupação dos autores com a precisão se mostra já desde o início pela manutenção dos "erros" de português comuns nesse tipo de obra. Os Caboclos e outras entidades muitas vezes falam de forma abreviada e mostram características próprias. Palavras como "vancê", "zinfio", "trabaiá", por exemplo, são comuns nos terreiros, e os autores mantiveram a forma popular dos textos e versos em todas as canções da obra.

É um trabalho de grande envergadura, pois são muitas dezenas de cânticos transcritos em notação musical e, embora não se utilizem instrumentos de harmonia nos terreiros, tiveram a preocupação de escrever também a parte harmônica, pois isso auxilia a quem está tendo contato com as obras a entender melhor as escalas utilizadas.

Assim, é com grande orgulho que apresento esta compilação, ou songbook, pois se trata de uma obra de enorme relevância, seja para a própria religião e seus praticantes, como também para músicos e estudiosos das diversas manifestações da música brasileira.

Luiz Schiavon

Nascido em 05/10/1958 iniciou os estudos de música aos 5 anos no Conservatório Musical Mário de Andrade.

Formou-se em 1975 fazendo em seguida extensão em Virtuosidade.

Pianista e maestro, aos 17 anos começou a participar de sessões de gravação de jingles e peças de publicidade.

Nessa época iniciou os estudos de música eletrônica lançando um trio instrumental formado apenas por sintetizadores.

Em 1983 grava as bases do que viria a ser o primeiro álbum da banda RPM, que inicia os primeiros shows em 1984.

Ao longo da carreira o RPM vendeu cerca de 5 milhões de álbuns encerrando a primeira fase em 1990.

Nessa época se volta para o trabalho em seu próprio estúdio escrevendo arranjos e canções para dezenas de artistas nacionais e internacionais como Laura Pausini, Alejandro Sans, entre outros.

Em 1996 é convidado para escrever diversas canções e arranjos para a novela O Rei do Gado, incluindo o tema de abertura.

A trilha dessa novela é ainda recordista de vendas tendo sido comercializados na época cerca de 2,5 milhões de cópias.

Seguem-se as trilhas de Terra Nostra (1999), Esperança (2002) e Cabocla (2004), além da mini-série Mad Maria.

Em 2006 assume o comando da Banda Domingão, além da direção musical do programa Domingão do Faustão na Rede Globo, onde permanece por 6 anos.

No inicio de 2012 retorna com a banda RPM para uma turne de 5 anos, que se encerrou em 2017.

Atualmente se dedica ao estúdio e preparação de um novo álbum e turne do RPM que deverá se iniciar no 2o. semestre de 2018.

Palavra dos Autores

Quando pensamos em escrever este livro, foi para atender a um pedido da Mãe Benedita do Rosário, Preta-Velha da Luciana, em 2003. Nessa época estávamos envolvidos no projeto do CD e lançamento do UMBANDA IN CONCERT. Foi um projeto muito legal, realizado na ocasião pela Casa Paulo de Tarso, que tive a honra de participar.

Depois, eu, a maestrina Luciana Barletta e a cantora lírica Monica Marangon ficamos de fazer algo juntos a pedido da Vó, mas não deu certo. A Monica foi viajar para a Alemanha, trilhou novos rumos na carreira e o projeto não seguiu adiante.

Mas a cobrança por parte da Vó sobre a maestrina Luciana Barletta continuava, e ela me ligou e disse que a Vó estava cobrando a realização do trabalho e não poderia ficar esquecido.

Então resolvemos iniciar um livro com músicas umbandistas que atendesse aos praticantes e aos músicos em geral, pois a união e a sintonia das pessoas envolvidas raramente aconteciam na nossa religião. Mas enfim ocorreu a união de um ogã e uma maestrina umbandistas, e com as condições de sintetizar em um livro com as cifras e notas que os músicos precisam e as energias que nossos terreiros também esperam. E começamos!!!

Como todo começo, foi atabalhoado, rsrs, até chegarmos numa diretriz sobre o que cantar. Demorou, mas saiu, rsrs.

E começamos, durante dois anos, toda segunda-feira, após minhas atividades profissionais, eu ia por volta das 19 horas ao Prana Espaço Holístico, um espaço destinado a cursos, dirigido pela Luciana e o Walter, seu esposo e meu amigo também. Enquanto o Walter ficava dando cursos de magias, na parte superior do estabelecimento, eu e Luciana ficávamos no térreo, eu cantando e tocando atabaque e a Luciana ao piano, fazendo os arranjos.

De início, estávamos pensando em pontos aleatórios, para dar a chance, de quem adquirisse nosso livro, ter as músicas de Orixás e Guias de diversas linhas. Mas, durante o trabalho, resolvemos alterar o rumo e começamos a direcionar as músicas a um Orixá e seus guias, a meu pedido, rsrs.

Começamos a cantar para Oxóssi, Caboclos e Caboclas, nada intencional, rsrs. E fomos mais específicos ainda, colocamos também pontos de aberturas de trabalhos para auxiliar nossos irmãos de terreiro, já que havia um ogã e uma maestrina, e ela sendo uma Dirigente Espiritual, e a solicitação foi de um Guia, então vamos fazer seguindo as normas de um terreiro.

Durante nossos encontros, muito bate-papo, brincadeiras, cafezinho, barras de cereais, mas não havíamos chegado a uma conclusão sobre o formato do livro, e Luciana, por sua caminhada musical, possuía diversos livros, no formato de songbook, e ela queria neste formato, pois para o músico é importante. Eu aceitei, e fui pedir informações com o pessoal da área técnica da Madras Editora, já que eu estava com um livro na editora para lançamento.

Em conversa com o pessoal da editoração, eles acharam que o formato solicitado não era viável, pois os livros da editora são em outro estilo e o songbook é em formato A4, com espirais etc...., e eles não editavam livros neste estilo.

Fui conversar com a Luciana e ela falou assim. "Vamos continuar, pois a Vó falou que, se nós não pararmos, o livro seria editado". Então como bom ogã e acreditando nos nossos amados Guias Espirituais, seguimos com nosso trabalho.

E fomos cantando e colocando arranjos em cada música definida como interessante para o nosso projeto, algumas ainda tínhamos dúvidas e eu corria atrás dos autores, pois algumas eu conhecia o autor e outras buscávamos relatos antigos sobre a letra, pois tínhamos compromisso com a transcrição correta das letras.

E a cada segunda-feira, mais cafezinhos, doces, etc.... rsrs e mais músicas.

Mas a vida vai nos direcionando por caminhos que não esperamos, e após 68 músicas já prontinhas, não consegui mais ir ao Prana às segundas-feiras, pois eu dava aulas de curimba às quartas-feiras e tive que alterar o dia para as segundas-feiras.

E nosso projeto ficou parado por muitos anos.

Neste período, lançamos pela Madras o nosso livro *ABC do Ogã*, que foi um sucesso, tivemos várias reedições. Lançamos nosso livro *Cantando e Tocando, IJexá e Barra-vento*, outro sucesso de vendas e ainda lançamos mais um livro, *Na Gira de Umbanda, nos Toques de Angola e Congo*, também estouro de vendas. Lançamos na Editora Saraiva, na Av. Paulista em São Paulo, junto com nosso Irmão Alexandre Cumino, que estava lançando o livro *A Umbanda e o Umbandista* e foi um marco, pois nunca na história da Saraiva, havia acontecido um lançamento de um livro umbandista e o público invadiu a loja, com filas intermináveis, para adquirir os lançamentos e mais uma vez sucesso.

Mas sempre eu comentava com o povo que já possuía um livro pronto em parceria com a Luciana para o público umbandista e músicos em geral, que estava em *stand by*, mas nós não iríamos decepcionar a Vó Benedita do Rosário.

E os anos foram se passando.

Foi quando em final de 2015 fui procurado por um aluno que fazia parte de uma ONG, que trabalhava com a captação de recursos para lançamentos de obras de cunho artístico, afro-descendente, e como eles já conheciam nosso trabalho, gostariam de começar um projeto com nosso grupo, mas não poderia ser cobrado por ser um projeto bancado pela Lei Rouanet, do governo federal.

Mais uma vez veio à tona o songbook, falei para eles que já possuía o trabalho pronto e para nós não teria problema, pois nosso projeto é distribuir gratuitamente nosso livro a todas as bibliotecas, associações e federações, e que essas federações também distribuam gratuitamente aos seus associados e federados, para que fique registrada a musicalidade deste segmento.

Mas uma vez, falei com a Luciana, ela ficou superanimada, a Vó também. Sentamos e mostramos o projeto, tivemos algumas conversas, fizemos alguns levantamentos de custos, pois precisávamos apresentar custos de todas as fases do projeto, mas a conversa foi ficando no vazio e não prosperou.

Então voltei na Madras Editora, levei o projeto inicial, falei com o responsável pela editoração, mostrei modelos de como seria e na hora foi aceito nosso pleito, pois agora já conheciam nosso trabalho, somos parceiros. Quando lançamos nosso primeiro livro, também para a editora era novidade, mas tiveram retorno esperado, criou-se um novo segmento dentro da Madras. Hoje ela trabalha com livros de biografia de músicos e bandas internacionais renomados; naquela época não. A editora acredita e aposta neste segmento. E o mais importante: acredita e confia em nosso trabalho.

E assim chegamos a este livro, o primeiro *Songbook da Umbanda*, mais um passo inédito, pioneirismo da Madras Editora, na pessoa de seu presidente, Wagner Veneziani Costa, e de toda a equipe que também gostou do estilo do livro e que esperamos ser mais um sucesso.

Nossos agradecimentos, Ogã Severino Sena e Mãe e Maestrina Luciana Barletta.

Agradecimento superespecial a Vó, Mãe Benedita do Rosário, por acreditar que seria possível.

Toques: Nagô

Nagô

Arrebate

Nagô + Arrebate

Nagô + Repique Grave

Nago + Repique Agudo e Repique Grave

Arrebate + Repiques
(2 Graves 1 Agudo, 2 Agudos 1 Grave)

Arrebate + Repiques
(1 Grave 2 Agudos, 1 Agudo 2 Graves)

Arrebate +Repiques
(2 Agudos 1 Grave e 1 Agudos 2 Graves)

Encerramento
(Nagô e Arremate)

Ijexá e Variações

Encerramento

1ª Variação

2ª Variação

3ª Variação

4ª Variação

5ª Variação (Afoxé)

6ª Variação

7ª Variação

Afoxé com Repique

Angola e Variações

Samba de Cabula

Evolução de Marcação

Toques Congo e Variações

Congo de Ouro

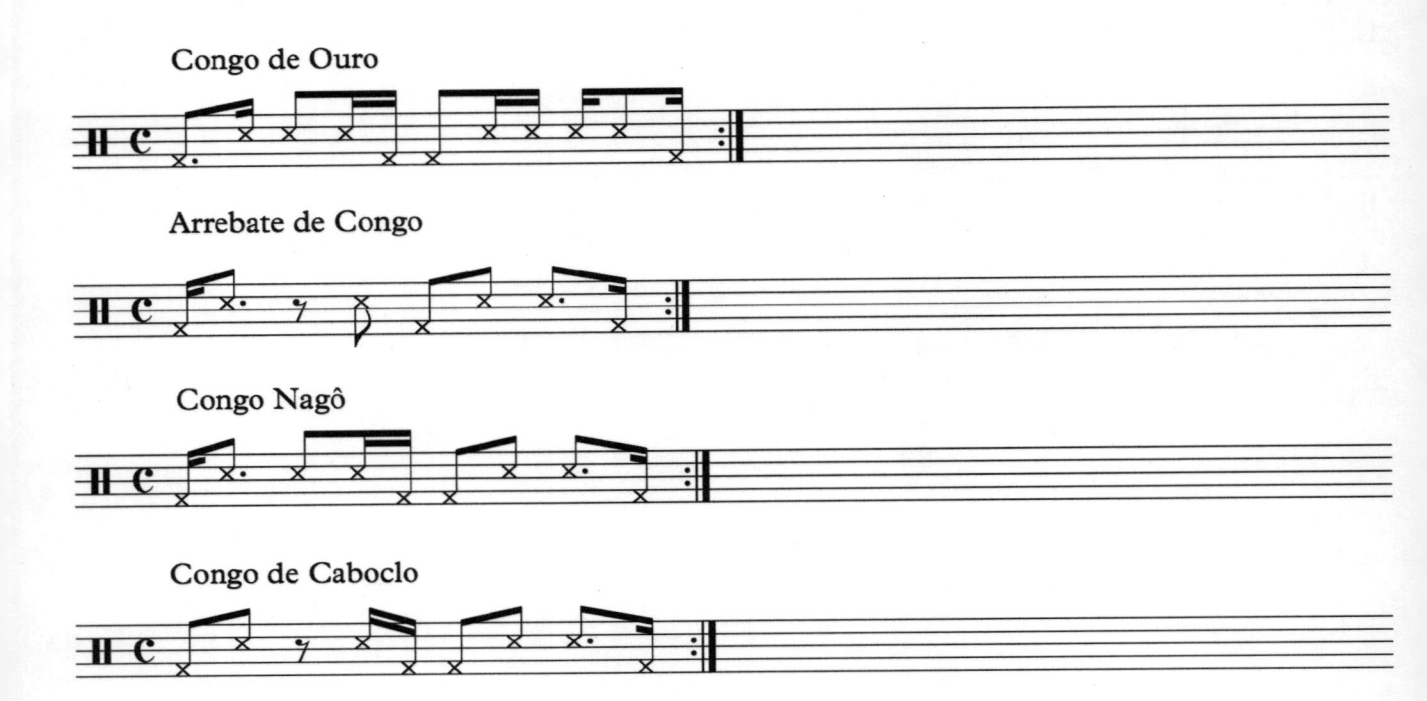

Arrebate de Congo

Congo Nagô

Congo de Caboclo

Barra Vento e Variações

Encerramento

1ª Variação

2ª Variação

3ª Variação

4ª Variação

5ª Variação

6ª Variação

7ª Variação

8ª Variação

(Abertura de gira)

1 – (Nagô e variações)

↗ Vou abrir minhá jurema ✓ → vou abrir meu jure<u>má</u> ✓

↗ Vou abrir minhá jurema ✓ → vou abrir meu jure<u>má</u> ✓

→ Com a licença de mamãe Oxum ✓ ↗ e nosso Pai Oxa<u>lá</u> ✓

→ Com a licença de mamãe Oxum ✓ ↗ e nosso Pai Oxa<u>lá</u> ✓

2 – (Angola e variações)

→ Eu abro a nossa gira com <u>Deus</u> e Nossa Se<u>nh</u>ora ✓

→ Eu abro a nossa gira sambo<u>rê</u> pemba de Ango<u>la</u> ✓

→ Nossa gira está aberta com <u>Deus</u> e Nossa Se<u>nh</u>ora ✓

→ Nossa gira está aberta, Sambo<u>rê</u> pemba de Ango<u>la</u> ✓

3 – (Nagô e variações)

→ Abrimos a <u>no</u>ssa gira ✓ pedimos com d<u>e</u>v<u>o</u>ção ✓

→ Abrimos a <u>no</u>ssa gira ✓ pedimos com d<u>e</u>vo<u>ç</u>ão ✓

↗ Ao nosso Pai Oxa<u>lá</u>a ✓ → para cumprir a nossa mi<u>ss</u>ão ✓

↗ Ao nosso Pai Oxa<u>lá</u>a ✓ → para cumprir a nossa mi<u>ss</u>ão ✓

Abertura

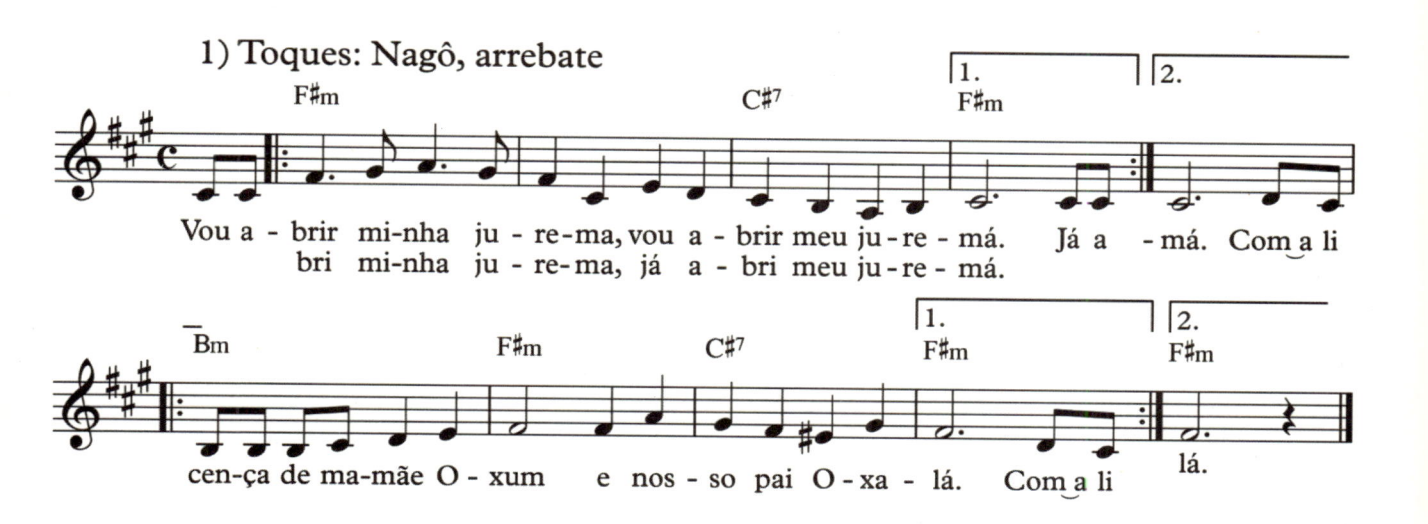

1) Toques: Nagô, arrebate

Vou a-brir mi-nha ju-re-ma, vou a-brir meu ju-re-má. Já a- -má. Com a li
bri mi-nha ju-re-ma, já a-bri meu ju-re-má.

cen-ça de ma-mãe O-xum e nos-so pai O-xa-lá. Com a li
lá.

2) Toques: Angola, Samba de Cabula

1) Eu a-bro a nos-sa gi-ra com De-us e Nos-sa Se-nho-ra. Eu
2) Está a-ber-ta a nos-sa gi-ra com De-us e Nos-sa Se-nho-ra. Está a

a-bro a nos-sa gi-ra sam-bo-rê pem-ba de an-go-la. Eu
ber-ta a nos-sa gi-ra sam-bo-rê pem-ba de an-go-la. Está a-

3) Toques: Nagô, Arrebate

A-bri-mos a nos-sa gi-ra, pe-di-mos com de-vo-ção. A- cão.

Ao nos-so pai O-xa-lá para cum-prir a nos-sa mis-são.

BATIMENTO DE CABEÇA

4 – (Nagô e variações)

↗Vem vem v<u>ee</u>m aos pés de Nosso Se<u>nhor</u> ✓

→Vem bater cabeça Babá (meu pai, Yaô), Oxalá man<u>dou</u> ✓

↗Vem vem v<u>ee</u>m aos pés de Nosso Se<u>nhor</u> ✓

→Vem bater cabeça Babá (meu pai, Yaô), Oxalá man<u>dou</u> ✓

5 – (Angola e variações)

↗Quem é filho de fé bate cabeça aqui no cong<u>á</u> ✓

↗Pro Papai Oxalá êê, → pro Papai Ox<u>alá</u> ✓

↗Quem é filho de fé bate cabeça aqui no cong<u>á</u> ✓

↗Pro Papai Oxalá êê, → pro Papai Ox<u>alá</u> ✓

→Oh Mamãe de Aruanda me leva, me leva pro seu Jacut<u>á</u> ✓

↗Que eu sou filho de fé eu sou filho de fé → e não posso fal<u>tar</u> ✓

↗Oh Mamãe de Aruanda me leva, me leva pro seu Jacut<u>á</u> ✓

↗Que eu sou filho de fé eu sou filho de fé → e não posso fal<u>tar</u> ✓

6 – (Angola e variações)

→Vocês que são filhos de pem<u>ba</u>, vocês que são filhos de <u>fé</u> ✓

→Batem <u>a</u> c<u>ab</u>eça e p<u>e</u>ça a Zambi o que qui<u>ser</u> ✓

→Batem a cabeça e p<u>e</u>ça a Zambi o que qui<u>ser</u> ✓

Bater Cabeça: Oxalá

4) Toques: Nagô, arrebate

Vem, vem, vem aos pés de nos-so se-nhor. Vem ba-ter ca-be-ça__ Ba - bá__ O-xa-lá man-dou.
(na fé)
(meu pa- ai)
(Yá ô__)

5) Toques: Angola, Samba de Cabula

Quem é fi-lho de fé ba - te ca - be - ça a-qui no con - gá.

Pro pa-pai O - xa - lá Ê_____ pro pa-pai O - xa - lá.

Ó ma-mãe de A - ru - an-da me le-va me le-va pro seu ja-cu-tá.

Que eu sou fi-lho de fé, eu sou fi-lho de fé e não pos-so fal - tar.

6) Toques: Angola e Samba de Cabula

Vo - cês que são fi - lhos de Pem-ba Vo - cês que são fi - lhos de fé

Ba - te a ca - be-ça e pe - ça a Zam-bi o que qui-ser. - ser.

7 – (Angola e variações)
Bater Cabeça: Xangô

↗ A lua na no céu brilh<u>ou</u> ✓

↗Vem bater cabeça pro meu pai Xangô ✓

↗A lua na no céu brilhou ✓

↗Vem bater cabeça → pro meu pai Xang<u>ô</u> ✓

→<u>Ô</u> ô<u>ô</u> ô<u>ô</u> ✓ a lua era mais forte e clar<u>eou</u> ✓

→<u>Ô</u> ô<u>ô</u> ô<u>ô</u> ✓ a lua era mais forte e ↘ clar<u>eou</u> ✓

↗A lua nasce ✓ por detrás das cach<u>oe</u>iras ✓

↗Iluminando Pai Xangô lá nas ped<u>rei</u>ras ✓

↗Bate ca<u>be</u>ça filhos de fé / ✓

→E peça a Xangô o que qui<u>ser</u> ✓

↗Bate ca<u>be</u>ça filhos de fé / ✓

→E peça a Xangô o que qui<u>ser</u> ✓

7 – Bater Cabeça: Xangô

7) Toques: Angola, Samba de Cabula

A lua lá no céu brilhou, vem bater cabeça, pro meu pai Xangô. A
cabeça, pro meu pai Xangô. Ô__ A lua era mais forte__ clareou
lua era mais forte__ clareou. A lua nasce por de trás das cachoeiras, iluminando pai Xangô lá nas pedreiras.
Bate cabeça filhos de fé, e peça a Xangô o que quiser.

DEFUMAÇÃO (Oxóssi)
8 – (Barra vento e variações)

↗<u>Meu</u> Pai Oxóssi, ✓ dá me licença pra defu<u>maar</u> ✓

↗<u>Meu</u> Pai Oxóssi, ✓ dá me licença pra defu<u>maar</u> ✓

↗Eu defumo, keu defumo esta <u>aldeia</u> re<u>aal</u> ✓

↗Eu defumo, keu defumo esta <u>galdeia</u> re<u>aal</u> ✓

8 – Defumação (Oxóssi)

Toque: Barra-Vento

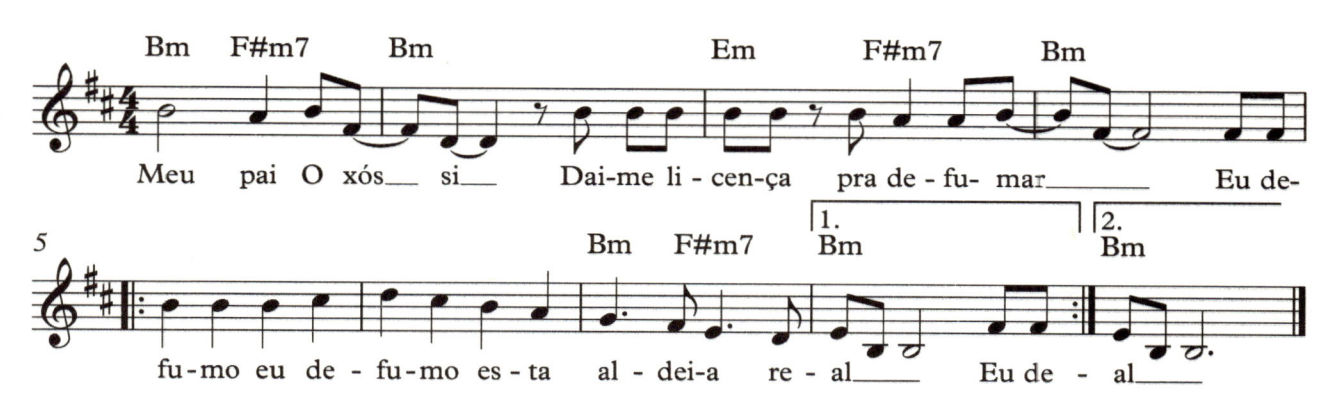

Meu pai Oxóssi Dai-me licença pra defumar Eu defumo eu defumo esta aldeia real Eu de-al

Defumação – Linha de Ogum
9 – (Nagô e variações)

→ Ogum mandou <u>defu</u>mar, ✓

↗ Ogum mandou <u>defu</u>mar ✓

↗ Ogum mandou <u>defu</u>mar , ✓

→ filhos de fé mandou <u>defu</u>mar ✓

→ Ogum mandou <u>defu</u>mar, ✓

↗ Ogum mandou <u>defu</u>mar ✓

↗ Ogum mandou <u>defu</u>mar , ✓

→ casa de fé mandou <u>defu</u>mar ✓

9 – Defumação – Linha de Ogum

Toque: Nagô

O - gum man - dou de - fu- mar___ O - gum man - dou de - fu mar___
O - gum man - dou de - fu- mar___ O - gum man - dou de - fu mar___

O-gum man-dou de-fu mar___ filhos de fé man-dou de-fu- mar___ O
O-gum man-dou de-fu mar___ casa de fé man-dou de-fu- mar___

Defumação da Jurema
10 – (Angola e variações)

↗Jure(m̲ê̲), → juremeira, ✓ olha as ↗ fo̲l̲has das palmeira̲s̲ ✓

↗Jure(m̲ê̲), → juremeira, ✓ olha as↗ fo̲l̲has das palmeira̲s̲ ✓

↗Jurem̲á̲ vem lá das matas ✓ ↗ vem traze̲r̲ nesse congá ✓

→O seu che̲iro de incenso, ✓ → pra seus filhos defumar ✓

→Cheira mirra, benjoim ✓ → e também cheira incenso ✓

↗Defumá / filhos de pemba ✓ → com as ervas da Jurem̲a̲ ✓

→Cheira mirra, benjoim ✓ → e também cheira incenso ✓

↗Defumá / filhos de pemba ✓ → com as ervas da Jurem̲a̲ ✓

10 – Defumação da Jurema

Toques: Angola, Samba de Cabula, Evolução

Ju-re - mê Ju-re - mei - ra olha as fo - lhas das pal-mei-ras Ju-re-mei-ras Ju-re-má vem lá das ma-tas vem tra zer nes-te Con-gá o seu chei-ro de in cen- so pra seus fi-lhos de-fu- mar chei-ra mir-ra, ben-jo-in e tam-bém chei-ra in- cen- so de-fu-ma fi- lhos de pem - ba com as er-vas da Ju - re - má

Defumação – Linha de Preto Velho
11 – (Nagô e variações)

→Eu sou velhinho, minhas costas são curvadas ✓
↗Mas são curvadas de tanto trabalhar ✓
↗Firma a cabeça aqui no templo de (Oyá) ✓
→Eu sou incensador de Oxalá ✓

↗Firma a cabeça aqui no templo de (Oyá) ✓
→Eu sou incensador de Oxalá ✓

→Incenso eu, incensa o Babá ✓
→Nós defumamos ✓ ↗ para todo mal levar ✓
↗Aquele que tem fé na minha aldeia ✓
→Oi nesta terra/ hà de prosperar ✓

↗Aquele que tem fé na minha aldeia ✓
→Oi nesta terra / hà de prosperar ✓

11 – Defumação – Linha de Preto Velho

Toques: Marcação, Nagô, Alujá

Eu sou ve-lhi-nho mi-nhas cos-tas são cur-va-das mas são cur-va-das de tan-to tra-ba-lhar

Fir-ma a ca-be-ça a-qui no tem-plo de O-yá Eu sou in-cen-sa-dor de O-xa-lá

lá In-cen-so eu in-cen-so a Ba-bá Nós de-fu-ma-mos pa-ra to-do o mal le-
(o)

var A - que-le que tem fé na mi-nha al-dei-a Ôi nes-ta

ter-ra há de pros - pe - rar A - rar

Defumação – Linha de Caboclos
Queimou as ervas da Jurema
12 – (Angola e variações)

→Queimou as ervas da jureema ✓

→Queimou o incenso de Oxalá ✓

→Queimou as ervas da jureema ✓

→Queimou o incenso de Oxalá ✓

→Eu incenso, eu incenso esta casa ✓

→Pro mal sair ✓ e a felicidade entrar ✓

→Eu incenso, eu incenso esta casa ✓

→Pro mal sair ✓ e a felicidade entrar ✓

↗Defuma eu Babá , defuma eu ✓

→Defuma eu Babá e todos filhos seus ✓

↗Defuma eu Babá defuma eu ✓

→Defuma eu Babá e todos filhos seus ✓

12 – Defumação – Linha de Caboclos
Queimou as ervas da Jurema

Toques: Marcação, Nagô, Angola, Alujá

Quei-mou as er-vas da Ju-re-ma__ Quei-mou o in-cen-so de O-xa-lá__ Quei-lá Eu in-cen-so eu in cen-so esta ca-a-sa pro mal sa-ir e a fe-li-ci-da-de en-trar__ Eu in trar__ De-fu-ma Eu Ba-bá de-fu-ma eu de-fu-ma eu Ba-bá e to-dos fi-lhos seus__ De-fu-ma seus

Defumação – Linha de Oxum
13 – (Angola e variações)

→As águas da O<u>xum</u> ✔ brilharam no ce<u>rra</u>do

→Xangô lhe deu um g<u>ri</u>to ✔

→Trás de pressa o meu caj<u>aa</u>do ✔

→As águas da Ox<u>um</u> abrilharam no ce<u>rra</u>do

→Xangô lhe deu um g<u>ri</u>to ✔

→Trás de pressa o meu caj<u>aa</u>do ✔

→Lá do alto ↗Santa Bárbara orde<u>nou</u> ✔

↗ Pega as ervas da Jurema / ✔

→E defumá com muito a<u>mor</u> ✔

→Lá do alto ↗ Santa Bárbara orde<u>nou</u> ✔

↗Pega as ervas da Jurema / ✔

→E defumá com muito a<u>mor</u> ✔

→Defuma com as ervas da ↗ Ju<u>ree</u>ma ✔

↗Defuma / com arruda e gui<u>né</u> ✔

↗Defuma / Caboclo incensa<u>dooor</u> ✔

↗Defuma / pra salvar → filhos de <u>fé</u> ✔

↗Defuma / Caboclo incensa<u>dooor</u> ✔

↗Defuma / pra salvar → filhos de <u>fé</u> ✔

13 – Defumação – Linha de Oxum

Toques: Marcação, Nagô, Alujá, Angola. Samba de Caboclo

As águas da Oxum brilharam no cerrado Xangô lhe deu um grito traz depressa o meu cajado

pressa o meu machado Lá do alto santa Bárbara ordenou pega as ervas da Jurema e defuma com muito amor Lá do mor De

fuma com as ervas da Jurema defuma com arruda e guiné De

fuma caboclo incensado-o-or de-

fuma pra salvar filhos de fé De fé

Sete Linhas – Oxum
14 – (Angola finalizando com Ijexá)

↗No céu ✓ uma estrela bri<u>lha</u> ✓ → Brilhou, brilhou tão lii<u>nda</u> ✓

→Saravá / saravá mãe Ian<u>sãã</u> ✓ Saravá Xangô e Oxa<u>lá</u> ✓

→Saravá / saravá mãe Ian<u>sãã</u> ✓ Saravá Xangô e Oxa<u>lá</u> ✓

↗Salve o conga de Oxo<u>ssi</u> ✓ ↗Salve o conga da Juree<u>ma</u> ✓

→Saravá o rei das matas ✓ →Onde canta a ↗ siriee<u>ma</u> ✓

↗ Saravá Oxuma<u>ré</u> / ✓ ↗Pai Ogum no → Humai<u>tá</u> ✓

↗ Ibeji lá no jardim ✓ ↗ Mãe Oxum e Iemanj<u>á</u> ✓

→Saravá Oxuma<u>ré</u> / ✓ ↗ Pai Ogum no → Humai<u>tá</u> ✓

↗Ibeji lá no jardim ✓ ↗Mãe Oxum e Iemanj<u>á</u> ✓

→Na<u>nã</u> <u>oh</u> Na<u>nã</u> ✓

→Saravá saravá →a rainha sereia das ondas do ↗ <u>mar</u> ✓

→Na<u>nã</u> <u>oh</u> Na<u>nã</u> ✓

→Saravá saravá a rainha sereia das ondas do → <u>mar</u> ✓

→Saravá saravá a rainha sereia das ondas do → <u>mar</u> ✓

→Saravá saravá a rainha sereia das ondas do → <u>mar</u> ✓

14 – Sete Linhas – Oxum

Toques: Rufo, Angola, Ijexá

No céu uma estrela brilha brilhou brilhou tão linda Sara-
vá Saravá Mãe Yansã Saravá Xangô e Oxalá Sará-lá
Salve o Congá de Óxossi Salve o Congá da Juremá
Saravá ó Rei das matas onde canta a siriema

Toques: Nagô, Alujá

Saravá Oxumarê Pai Ogum no Humai-
tá Ibeji lá no jardim Mãe Oxum Yemanjá Saravá Oxumá já

Toque: Ijexá

Na nanã ô nanã Saravá Saravá a Rainha sereia nas ondas do
mar Saravá Saravá a Rainha sereia nas ondas do
mar Saravá Saravá a Rainha sereia nas ondas do mar

Oxóssi é Rei na Macaia
15 – (Angola e variações)

→Oxossi é rei ✓

→Ele é rei lá na Macaia ✓

↗Ele vem de Aruanda ✓

↗Pra saudar este congá ✓

→Ele ga<u>nhou</u> flecha e bodoo<u>que</u> ✓

→Sua corôa ✓ quem lhe deu foi Oxa<u>lá</u> ✓

→Ele ga<u>nhou</u> flecha e bodoo<u>que</u> ✓

→Sua corôa ✓ quem lhe deu foi Oxa<u>lá</u> ✓

15 – Oxóssi é Rei na Macaia

Toque: Angola

O-xós-si é Rei e-le é rei lá na Ma-cai-a E-le vem lá de x - ru - an-da pra sau-dar es-te ___ con - gá___ E-le___ ga - nhou___ fle-cha e___ bo-do- que su-a___ co - ro - a quem lhe deu foi O - xós-si___

Oxóssi – Sexta-Feira Treze
16 – (Angola e variações)

" OXÓSSI – SEXTA FEIRA TREZE "

→ Foi numa sexta feira treze ✓

↗ Quando eeu entrei nas maatas ✓

↗ Saldei Oxóssi meu pai saudei ✓

→ Saldei Osãin para trabalhar ✓

↗ Saldei Oxóssi meu pai saudei ✓

→ Saldei Osãin para trabalhar ✓

→ Oxóssi é o rei das matas ✓

↗ Osãin é / o dono das folhas ✓

↗ Foi Oxaláa quem criou a natureza ✓

→ Oxóssi e Osãin ✓ quem comandam esta beleza ✓

↗ Foi Oxalá quem criou a natureza ✓

→ Oxóssi e Osãin ✓ quem comandam esta beleza

16 – OXÓSSI – SEXTA-FEIRA TREZE

Foi numa sexta-feira treze quando eu entrei nas matas saudei O-
xos-si meu Pai saudei saude Ossain para trabalhar Saudei o
lhar Oxóssi é o Rei das matas Ossain é o dono das folhas Foi Oxa
lá quem criou a natureza Oxóssi Ossa-
in quem comandam esta beleza Foi Oxa leza

17 – OXÓSSI – CAVALEIRO DE ARUANDA
Tony Osanah/Paulo Cesar Pinheiro
(Congo e variações)

↗Quem é o cava<u>leiro</u> ✓ ↗Que vem lá de Aruanda
↗É Oxóssi em seu cavalo ✓ Com seu chapéu de banda ✓
↗Quem é o cava<u>leiro</u> ✓ ↗ Que vem lá de Aruanda
↗É Oxóssi em seu cavalo ✓ Com seu chapéu de banda ✓
↗Quem é esse Cacique ✓ ↗ glorioso e guerreiro
↗Vem montado em seu cavalo ✓ →Descendo em meu te<u>rrei</u>ro ✓
↗Quem é esse Cacique ✓ ↗ glorioso e guerreiro
↗Vem montado em seu cavalo ✓ → Descendo em meu te<u>rrei</u>ro

↗Vem de Aruanda uê → vem de Aruanda uá ✓
↗Vem de Aruanda uê ↗ vem de Aru<u>anda</u> u<u>ê</u> / ✓

↗Ele é filho do verde ✓ ↗ele é filho da mata
↗Saravá Nossa Senhora ✓ →a sua flecha mata ✓
↗Ele é filho do verde ✓ ↗ele é filho da mata
↗Saravá Nossa Senhora ✓ →a sua flecha mata ✓

Vem de Aruanda uê → vem de Aruanda uá ✓
Vem de Aruanda uê → vem de Aruanda uá ✓

17 – Cavaleiro de Aruanda
(Tony Osanah e Paulo César Pinheiro)

Toques: Congo de Ouro, Congo Nagô,
Arrebate de Congo, Congo de Caboclo

Quem é o cavaleiro que vem lá de Aruanda é Oxóssi em seu cavalo com seu chapéu de banda Vem de Aruandauê____ Vem de Aruandauá

Quem é esse cacique glorioso e guerreiro vem montado em seu cavalo Vem descer nesse terreiro

Ele é filho do verde Ele é filho da mata Saravá nossa Senhora a sua flecha mata

Oxóssi – Eu vi chover
(Angola e variações)
18 – OXÓSSI

→Eu vi chover eu vi relamp<u>ear</u> ✓

↗Mas mesmo assim
↗ O céu estava a<u>zul</u> ✓

↗Sambore pemba
↗As folhas da Jurema ✓
↗Oxóssi reina ✓
→ De norte a <u>sul</u> ✓

↗Sambore pemba
↗As folhas da Jurema ✓
↗Oxóssi reina ✓
→De norte a <u>sul</u> ✓

18 - Oxóssi – Eu vi chover

Eu vi chover eu vi relampiar mas mesmo assim o céu estava azul

Sambore pemba as folhas da Jurema Oxóssi reina de norte a sul Sambore

19 – " OXÓSSI – ODÉ É SÃO SEBASTIÃO "
(Angola e variações)

→Para quem não conhece eu vou di<u>zer</u> ✔

↗Oxóssi Odé ✔ é São Sebasti<u>ão</u> ✔

→Ele <u>rei</u>na lá nas matas e nos caamp<u>os</u> ✔

→Ele é o dono da lavoura e do p<u>ão</u> ✔

→Para sua vida melho<u>rar</u> ✔

↗E nunca lhe faltar o que co<u>mer</u> ✔

→Acenda uma vela lá nas matas pra Oxóssi / ✔

→E peça que ele vem lhe soco<u>rrer</u> ✔

→Acenda uma vela lá nas matas pra Oxóssi /

→E peça que ele vem lhe soco<u>rrer</u> ✔

↗Orilê orilê <u>ô</u> ✔

↗Orilê orilê <u>ô</u> ✔

↗Orilê ori<u>lê</u> ✔

19 – OXÓSSI – ODÉ É SÃO SEBASTIÃO

Toques: Angola, Samba de Cabula

Para quem não conheceu eu vou dizer O-xós-si o-dé e São Sebastião
Ele reina lá nas matas e nos campos ele é o dono da lavoura e do pão para sua vida melhorar E nunca lhe faltar o que comer Acenda uma vela lá nas matas para Oxóssi E peça que ele vem lhe socorrer
A - ô-rilê ô-rilê ô ô-rilê ô-rilê ô ô-rilê ô-rilê

(Congo e variações)
20 – OXÓSSI – SINDOLE LÊ

↗Sindole lê / auê Cau<u>za</u> ✓

↗Sindole lê seu sangue é <u>real</u> ✓

↗Mas se ele é filho eu sou neto da → Ju<u>re</u>ma ✓

↗Sindole lê / auê Cau<u>za</u> ✓

↗Sindole lê / auê Cau<u>za</u> ✓

↗Sindole lê seu sangue é <u>real</u> ✓

↗Mas se ele é filho eu sou neto da → Ju<u>re</u>ma ✓

↗Sindole lê / auê Cau<u>za</u> ✓

→Cauiza ele é um r<u>ei</u> ✓ ↗ é <u>Orixá</u>a ✓

→Cauiza ele é um Tata ✓ → é <u>Orixá</u> ✓

→Cauiza ele é um r<u>ei</u> ✓ ↗ é <u>Orixá</u>a ✓

→Cauiza ele é um Tata a→ é <u>Orixá</u> ✓

20 – Oxóssi – SINDOLE LÊ

Toques: Congo de Ouro, Congo Nagô,
Arrebate de Congo, Congo de Caboclo

Sin-do-le-lê au-ê Cau-í-za Sin-do-le-lê seu sangue é real
Mas se ele é filho eu sou neto da Jurema Sin-do-le-lê au-ê cau-í-za Sin-do-le-za Cau-í-za ele é um Re-ei É O-ri-xá Cau-í-za ele é um Re-ei é O-ri-xá Cau-i-za ele é um xá
(Ta-ta)

(Angola e variações)

21 – OXÓSSI – NAS MATAS DA JUREMA

↗Eu <u>vou</u> saravá Senhor Oxóssi ✓ → Lá no Jure<u>má</u> ✓

↗Ele é quem man<u>da</u> ✓ ↗ Ele é o dono das maa<u>tas</u> ✓

→Poderoso Ori<u>xá</u> ✓ na lei da Umban<u>da</u> ✓

↗Eu <u>vou</u> saravá Senhor Oxóssi ✓ → Lá no Jure<u>má</u> ✓

↗Ele é quem man<u>da</u> ✓ ↗ Ele é o dono das maa<u>tas</u> ✓

→Poderoso Ori<u>xá</u> ✓ na lei da Umban<u>da</u> ✓

→Senhor Oxóssi, ✓ → lá nas matas da Jurema ✓

→Confirmou seu Diadema ✓ ↗Que Oxalá lhe ofer<u>tou</u> ✓

↗Flecha de ouro ✓ ↗ e a corôa que é de rei ✓

↗É Cacique na Jurema ✓

↗A Umbanda confirma a <u>lei</u> ✓

↗Flecha de ouro ✓ ↗ e a corôa que é de rei ✓

↗É Cacique na Jurema ✓

↗A Umbanda confirma a <u>lei</u> ✓

(Nagô e variações)

21 – Oxóssi – NAS MATAS DA JUREMA

Toque: Angola

Eu vou saravá senhor Oxóssi Lá no Juremá Ele é quem manda
Ele é o dono das matas Poderoso Orixá Na lei da umbanda Eu
banda Senhor Oxóssi lá nas matas da Jurema Confirmou seu diadema
Que Oxalá lhe ofertou Flecha de ouro e a coroa que é de
Rei é cacique da Jurema auroband a confirma a lei Flecha de lei

22 – OXÓSSI É UM REI

→Oxóssi é um rei ✓

→Oxóssi é um rei ✓

↗Oxóssi é um nas matas virgens

↗Oxóssi é um rei ✓

↗Oxóssi é um rei ✓

↗É um bamba de Caçoté ✓

↗Cavaleiro da Marabaia ✓

→Meu arqueiro é o Senhor de Odé ✓

→Oxóssi é um rei / ✓

(Angola e variações)

22 – Oxóssi é um rei

Toque: Nagô

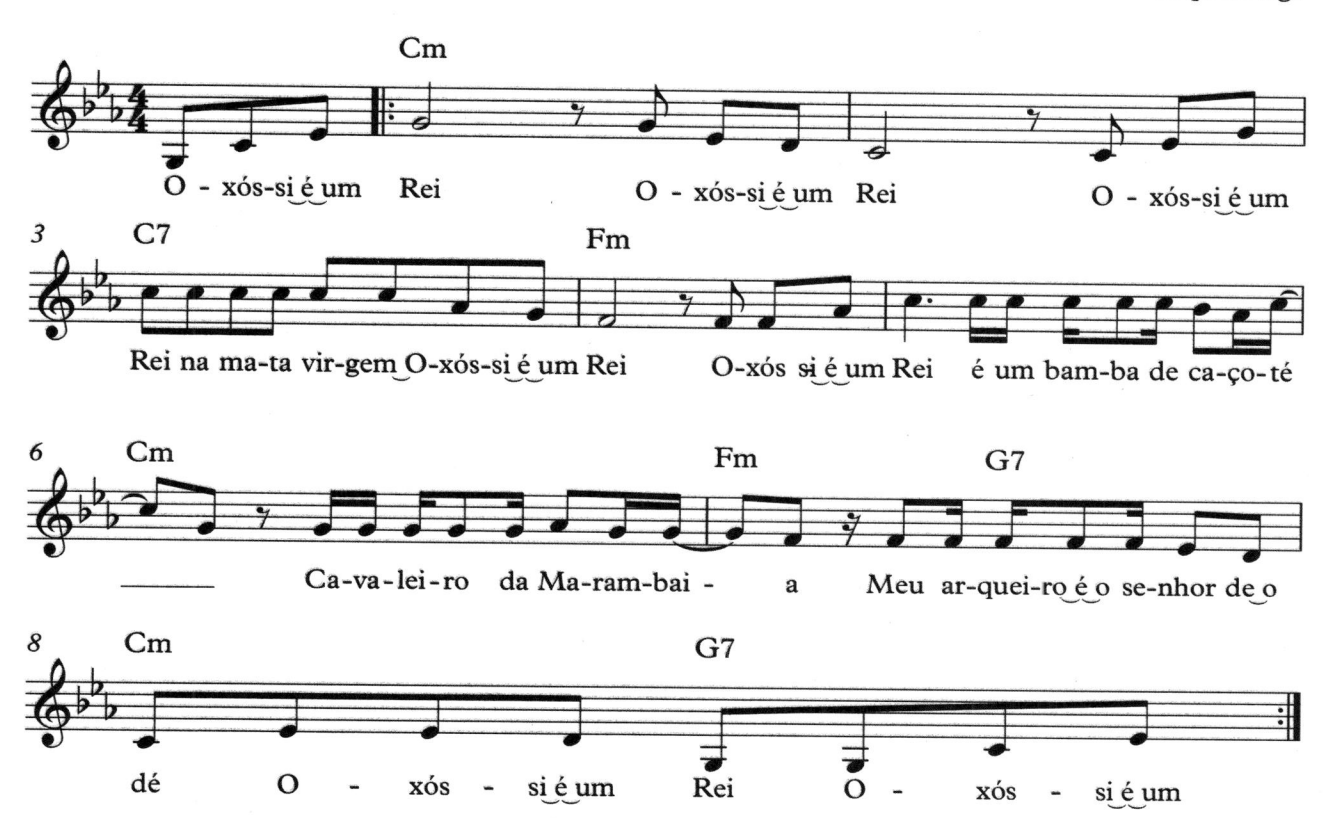

O-xós-si é um Rei O-xós-si é um Rei O-xós-si é um
Rei na mata virgem O-xós-si é um Rei O-xós si é um Rei é um bamba de caçoté
Cavaleiro da Marambaia Meu arqueiro é o senhor de o
dé O-xós-si é um Rei O-xós-si é um

23 – OXÓSSI COM O PODER DA LUA

↗Senhor Oxóssi com o poder da lua ✓
→Que veio ao mundo para gover<u>nar</u> ✓

→Ai quem me dera ✓
→Òh Senhor Oxó<u>ssi</u> ✓
↗Contigo eu po<u>der</u> fal<u>aar</u> ✓

→Ai quem me dera ✓
→Oh Senhor Oxó<u>ssi</u> ✓
↗Contigo eu po<u>der</u> fal<u>aar</u> ✓

23 - Poder da Lua (Oxóssi)

Toques: Angola, Samba de Cabula

Senhor Oxóssi com poder da lua que veio ao mundo para governar
Ai quem me dera ó senhor Oxóssi contigo eu poder falar
Ai quem me lar

(Nagô e variações)

24 – OXÓSSI – MATAS ESCURAS

→As <u>ma</u>tas estavam escu<u>ras</u> ✓

↗Veio Olo<u>rum</u> ✓ e a ilumi<u>noou</u> ✓

↗Foi no cen<u>tro</u> ✓ → das matas vir<u>gens</u> ✓

→Meu pai Oxóssi a<u>ssov</u><u>iou</u> ✓

↗Foi no cen<u>tro</u> ✓ →das matas vir<u>gens</u> ✓

→Meu pai Oxóssi a<u>ssov</u><u>iou</u> ✓

↗Mas ele é um <u>rei</u>, ele é um <u>rei</u>, ele é um <u>rei</u> ✓

↗Mas ele é um rei ✓ → na Aruanda ele é um <u>rei</u> ✓

↗Mas ele é um <u>rei</u>, ele é um <u>rei</u>, ele é um <u>rei</u> ✓

↗Mas ele é um rei ✓ → na Aruanda ele é um <u>rei</u> ✓

24 – Oxóssi
As matas estavam escuras

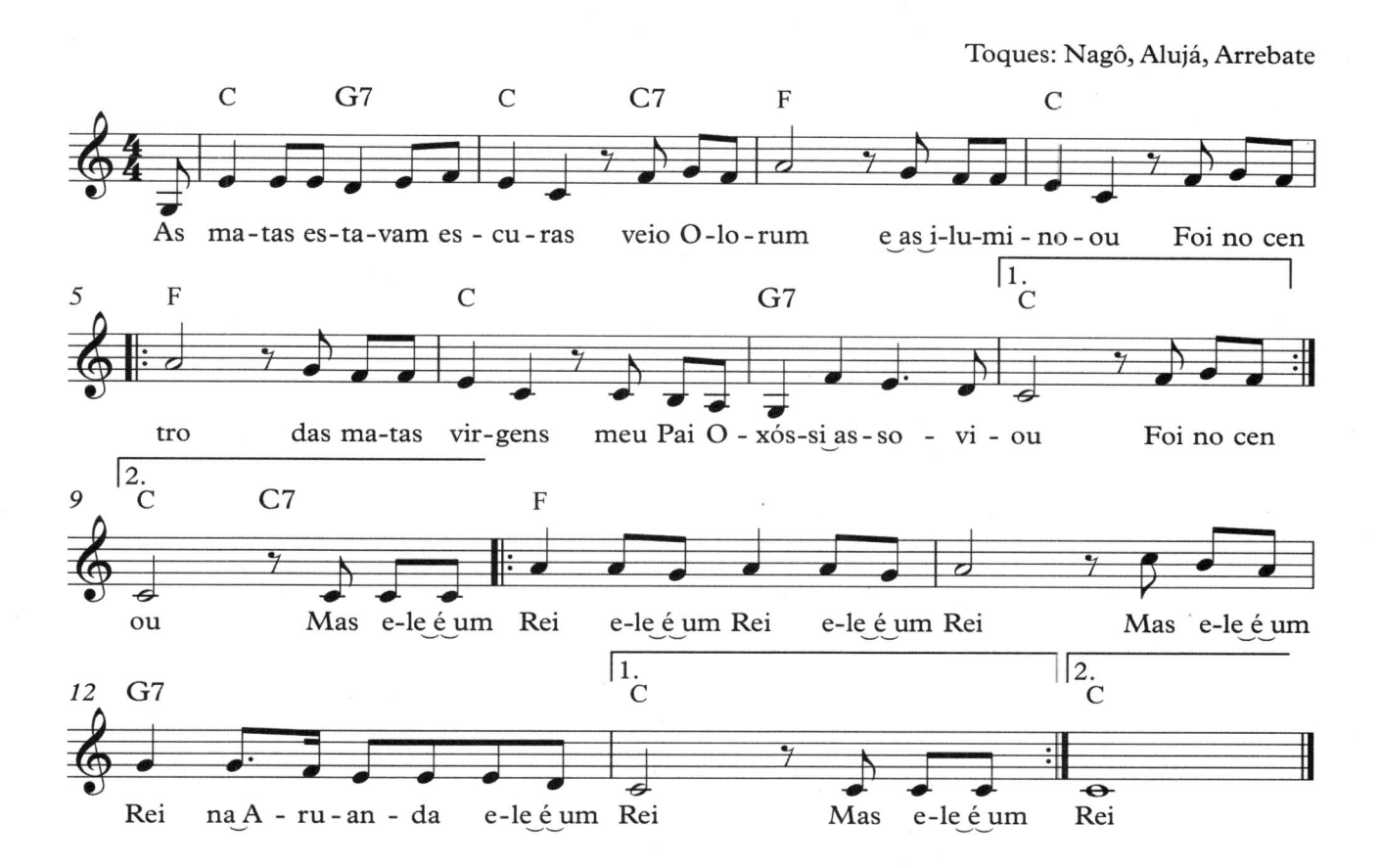

Toques: Nagô, Alujá, Arrebate

As matas estavam escuras veio Olorum e as iluminoou
Foi no centro das matas virgens meu Pai Oxóssi assoviou
Foi no centrou
Mas ele é um Rei ele é um Rei ele é um Rei
Mas ele é um Rei na Aruanda ele é um Rei
Mas ele é um Rei

(Congo e variações)

25 – OXOSSI – ESTRELA DALVA

→Estela Dalva estrela divina ✓
→Estrela guia que nos ilumina ✓

→Estela Dalva estrela divina ✓
→Estela guia que nos ilumina ✓

→Ilumina o céu ✓ ↗ ilumina as maatas ✓
↗Ilumina a aldeia de ↘ Oxóssi ✓
→Força divina ✓

→Ilumina o céu ✓ ↗ ilumina as maatas ✓
→Ilumina a aldeia de ↘ Oxóssi ✓
→Força divina ✓

25 – Estrela Dalva

Toques: Congo de Ouro, Congo Nagô,
Congo de Caboclo, Arrebate de Congo

Es-tre-la Dal-va es-tre-la di-vi-na__ Es-tre-la gui-a que nos i-lu-mi-na__ Es-tre-la mi-na__ I-lu-mi-na o céu i-lu-mi-na as ma-tas_ i-lu-mi-na al-dei-a de O-xóssi For-ça di-vi na__ I-lu-mi-na o vi na__

(Congo e variações)

26 – OXOSSI – SENHOR DAS MATAS VIRGENS

→Senhor das matas virgens
→Ele é meu pai ✓

→Senhor das matas virgens
→Ele é meu pai ✓

→Vou chamar Senhor Odé ✓
↘Na corte celestial ✓

→Vou chamar Senhor Odé ✓
↘Na corte celestial ✓

26 – Oxóssi – Senhor das Matas Virgens

Toques: Congo de Ouro, Congo Nagô,
Arrebate de Congo, Congo de Caboclo

Se - nhor das ma-tas vir-gens e - le é meu Pai se - é meu Pai vou chamar se-nhor de o dé na cor - te ce-les - ti-al Vou cha - te ce-les - ti-al

(Nagô e variações)
27 – CHAMADA DE CABOCLO

"OXALÁ MANDOU BUSCAR"

↗ Oxalá man<u>dou</u>, ✓   ↗ ele mandou bus<u>caa</u>r ✓

↗ Seus Caboclos de Arua<u>anda</u> ✓

→ Foi lá no J<u>ur</u>emá ✓

↗ Oxalá man<u>dou</u> ✓

↗ Oxalá man<u>dou</u>, ✓   ↗ ele mandou bus<u>caa</u>r ✓

↗ Seus Caboclos de Arua<u>anda</u> ✓

→ Foi lá no J<u>ur</u>emá ✓

↗ Oxalá man<u>dou</u> ✓

↗ Pai Oxa<u>lá</u> ✓   ↗ que é o rei do mundo int<u>eiro</u> ✓

↗ Mandou ordens pra Ju<u>ree</u>ma ✓

→ Mandar seu capangueiros ✓

→ Mandai man<u>daai</u> ✓   ↗ minha Cabocla Jur<u>ema</u> ✓

↗ Os <u>seus</u> guer<u>re</u>iros ✓

→ Esta é uma ordem suprema ✓

↗ Oxalá → man<u>dou</u> ✓

27 – OXALÁ MANDOU BUSCAR

Toques: Nagô, Arrebate, São Bento Grande

Oxalá mandou
Ele mandou buscar
Seus caboclos de Aruanda
Foi lá no Juremá Oxalá mandou
Oxalá mandou Pai Oxalá
que é o Rei do mundo inteiro
Mandou ordens pra Juremá
Mandar seus capangueiros
Man dai man dai
Minha cabocla Jurema
Os seus guerreiros
Esta é uma ordem suprema Oxalá
Mandou Oxa-

(Ijexá, afoxé e variações)
28 – CHAMADA DE CABOCLA
" CABOCLA JUREMA "

↗Ela vem de <u>longe</u> de <u>longe</u> sem avisar ✓

↗No capacete três penas ✓

→ No <u>braço</u> uma cobra Coral ✓

↗Ela vem de <u>longe</u> de <u>longe</u> sem avisar ✓

↗No capacete três penas ✓

→ No <u>braço</u> uma cobra Coral ✓

→Ela é Ju<u>re</u>ma ✓

→Do seu ↗ Jurê<u>má</u> ✓

→Cabocla primeira ✓

→Rainha do seu Jacu<u>tá</u> ✓

→Ela é Ju<u>re</u>ma ✓

→Do seu ↗ Jurê<u>má</u> ✓

→Cabocla primeira ✓

→Rainha do seu Jacu<u>tá</u> ✓

28 – CHAMADA DE CABOCLA – CABOCLA JUREMA

Toques: Ijexá e Afoxé

E-la vem de lon-ge de lon-ge sem a-vi-sar no ca-pa-ce-te três pe-nas no bra-ço u-ma co-bra co-ral E-la vem de ral E-la é a Ju-re-ma do seu Ju-re-má ca-bo-cla pri-mei-ra Ra-i-nha do seu Ja-cu-tá E-la é a Ju-tá

(Barra vento e variações)

29 – CHAMADA DE CABOCLO

" ELE VEM VINDO PELO RIO DE PONTAS "

↗Ele vem vindo pelo rio de po<u>n</u>tas ✔

↗Vem caminhando por aquela <u>rua</u> ✔

↗Ele vem vindo pelo rio de po<u>n</u>tas ✔

↗Vem caminhando por aquela <u>rua</u> ✔

→Olha como é lindo ✔

→Seu (Sete Flechas)

→No clarão da lu<u>a</u> ✔

→Olha como é lindo

→Seu (Sete Flechas)

→No clarão da lu<u>a</u> ✔

29 – CHAMADA DE CABOCLO
" ELE VEM VINDO PELO RIO DE PONTAS "

E-le vem vin-do pe-lo rio de Pon - tas__ Vem pas-se-an-do por a-que-la ru-

-a__ O-lha co-mo é lin-do__ seu (se-te

fle-chas) no cla-rão da lu - a__ O - a__

(Angola e variações)
30 – CHAMADA DE CABOCLO
" A MATA É MUITO ALTA "

→Chama Caboclo da mata
↗É pra traba<u>lhar</u> ✔

→Chama Caboclo da mata
↗É pra traba<u>lhar</u> ✔

→Se a mata é muito alta ✔
↗Ca<u>bo</u>clo vai → derru<u>bar</u> ✔

→Se a mata é muito alta ✔
↗Ca<u>bo</u>clo vai → derru<u>bar</u> ✔

30 – CHAMADA DE CABOCLO
" A MATA É MUITO ALTA "

Cha-ma ca-bo-clo da ma-ta é pra tra-ba-lhar é pra tra-ba-lhar se a

ma-ta é mui-to al-ta ca-bo-clo vai der-ru-bar se a-clo vai der-ru-bar

(Nagô e variações)

31 – CHAMADA DE CABOCLO

" SABIÁ CANTOU NA FLORESTA "

↗Sabiá cantou na floresta ✔

↗Juriti cantou no arvor<u>e</u>do ✔

↗Olha chama Caboclo da mata ✔

→Arreia Caboclo sem <u>me</u>do ✔

↗Sabiá cantou na floresta ✔

↗Juriti cantou no arvor<u>e</u>do ✔

↗Olha chama Caboclo da mata ✔

→Arreia Caboclo sem <u>me</u>do ✔

31 – CHAMADA DE CABOCLO
" SABIÁ CANTOU NA FLORESTA "

Sa - bi - á can-tou na flo-res - ta
Ju - ri - ti can-tou no ar-vo-re - do
O - lha cha-ma ca-bo-clo da ma - ta
Ar - re - ia ca-bo-clo sem me - do

(Barra vento e variações)
32 – CHAMADA DE CABOCLO
" PORTÃO DA ALDEIA ABRIU "

→Portão da aldeia ab<u>riu</u> ✓

↗Para o Caboclo pa<u>ssar</u> ✓

→Portão da aldeia ab<u>riu</u> ✓

↗Para o Caboclo pa<u>ssar</u> ✓

↗É hora é hora é hora ↘ Caboclo ✓

→É hora de traba<u>lhar</u> ✓

↗É hora é hora é hora ↘ Caboclo ✓

→É hora de traba<u>lhar</u> ✓

32 – CHAMADA DE CABOCLO
" PORTÃO DA ALDEIA ABRIU "

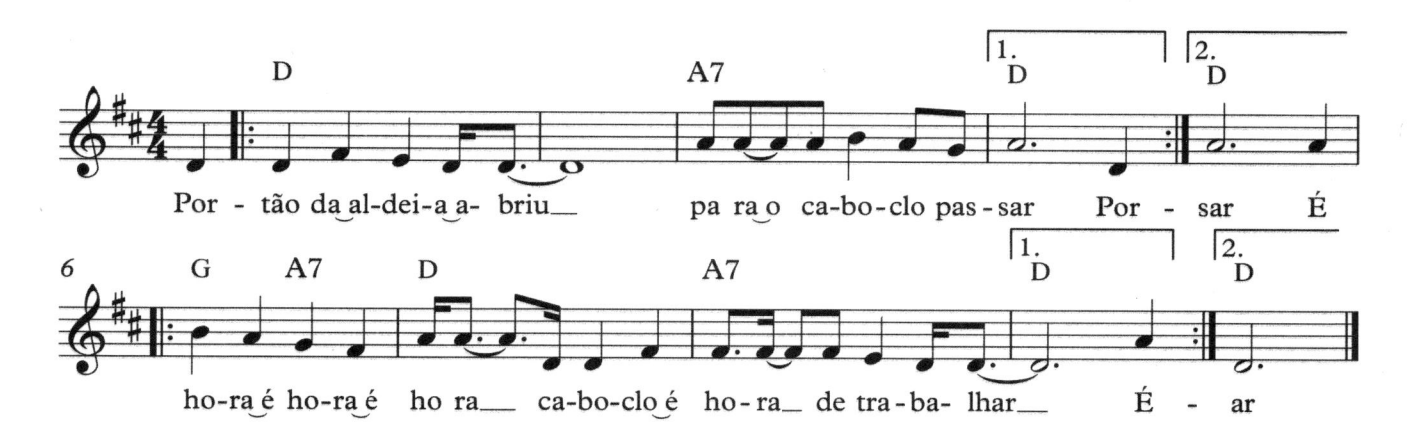

Por - tão da al-dei-a a- briu__ pa ra o ca-bo-clo pas-sar Por - sar É

ho-ra é ho-ra é ho ra__ ca-bo-clo é ho-ra__ de tra-ba-lhar__ É - ar

(Barra vento e variações)
33 – CHAMADA DE CABOCLO
"CABOCLO LÁ DA SAMAMBAIA"

→Caboclo lá da samambaia

↗Onde estás / ✔ que não vem cáa ✔

→Caboclo lá da samambaia

↗Onde estás / ✔ que não vem cáa ✔

↗Mas ele mora na boca da aldeia

→Arreia arreia arreia ✔

↗Mas ele mora na boca da aldeia

→Arreia arreia arreia ✔

33 – CHAMADA DE CABOCLO
"CABOCLO LÁ DA SAMAMBAIA"

Ca - bo-clo lá da Sa-mam-bai - a on-de es-tás que não vem cá Ca
á Mas e-le mo-ra na bo-ca da al-dei - a ar - rei-a ar -
rei - a ar - rei - a Mas e-le a

(Barra vento e variações)

34 – CHAMADA DE CABOCLO

" SE ELE É CABOCLO "

→Se ele é Ca<u>bo</u>clo ✓

↗Ele vem na al<u>deia</u> ✓

→Se ele é Ca<u>bo</u>clo ✓

↗Ele vem das <u>maa</u>tas ✓

→Pai filhos Espirito Santo

→Na hora de Deus amém

→Se ele é filho de Oxóssi /

↘Eu sou também ✓

→Pai filhos Espirito Santo

→Na hora de Deus amém

→Se ele é filho de Oxóssi /

↘Eu sou também ✓

34 – CHAMADA DE CABOCLO
" SE ELE É CABOCLO "

Se ele é caboclo ele vem na aldeia
Se ele é caboclo ele vem das matas
Pai filho espirito santo na hora de Deus Amém
Se ele é filho de Oxóssi eu sou também

(Angola e variações)

35 – CHAMADA DE CABOCLO

"QUANTO TEMPO QUE NÃO BAMBEIO"

↗Quanto tempo que eu não bambeio

↗Hoje eu vim pra traba<u>lhar</u> ✔

↗Quanto tempo que eu não bambeio

↗Hoje eu vim pra traba<u>lhar</u> ✔

→Sou Caboclo sou gue<u>rreiro</u>

→Vim aqui pra sara<u>vá</u> ✔

→Sou Caboclo sou gue<u>rreiro</u>

→Vim aqui pra sara<u>vá</u> ✔

35 – CHAMADA DE CABOCLO
"QUANTO TEMPO QUE NÃO BAMBEIO"

Quan-to tem-po que eu não bam-beio ho-je eu vim pra tra-ba-lhar Quan-to-lhar sou ca-bo-clo sou guer-rei-ro vim a-qui pra sa-ra-var Sou ca-var

(Angola e variações)
36 – CHAMADA DE CABOCLO
" TAMBOR , TAMBOR VAI BUSCAR "

↗Tambor tamboor ✓

↗Vai buscar quem mora longe ✓

↗Tambor tamboor ✓

↗Vai buscar quem mora longe ✓

→Eu vi Oxóssi nas matas ✓

→Ogum no Humaitá ✓

→Meu pai Xangô lá nas pedreiras ✓

↗Oh Iansã Oh Iemanjá ✓

→Eu vi Oxóssi nas matas ✓

→Ogum no Humaitá ✓

→Meu pai Xangô lá nas pedreiras ✓

↗Oh Iansã Oh Iemanjá ✓

36 – CHAMADA DE CABOCLO
" TAMBOR , TAMBOR VAI BUSCAR "

Tam - bor tam bor vai bus-car quem mo-ra lon-ge Tam - car quem mo-ra lon-ge Eu vi O - xós - si nas ma - tas O - gum no Hu - mai - tá meu Pai Xan-gô lá na pe-drei-ra ô I - an - sã ô Ye-man-já Eu I - an - sã ô Ye-man-já

(Angola e variações)

37 – CABOCLO MATA VIRGEM

→Quando meu pai v<u>em</u> ✓ ↗ começa a gira ✓
→Ele trás no braço direito um cipó
→Que sua guia ✓

↗Mas ele vem, ✓ ↗ vem no raiar do dia ✓
↗Ele vem pra ver seu filho
→Que é filho de Oxalá e da Virgem Maria ✓

→Seu Mata Verde ê e ↗ ele é Orixá ✓
↗Ele vem de Aruanda ✓ <u>do</u> reino de Oxa<u>lá</u> ✓

→Seu Mata Verde ê e ↗ ele é Orixá ✓
↗Ele vem pra ver seu filho /
E saravá o cong<u>á</u> ✓

37 – CABOCLO MATA VIRGEM

Quan-do meu pai vem co-me-ça a gi-ra e-le traz no bra-ço di-rei-to um ci-pó que é sua gui-a Mas e-le vem vem no rai-ar do di-a E-le vem pra ver seu fi-lho que é fi-lho de O-xa-lá e da vir-gem Ma-ri-a Seu ma-ta ver-de ê E-le é O-ri-xá e-le vem de A-ru-an-da do rei-no de O-xa-lá Seu ma-ta ver-de ê E-le é O-ri-xá e-le vem pro-ver seus fi-lhos e sa-ra-var o con-gá

(Barra vento e variações)
38 – CHAMADA DE CABOCLO DO FOGO

Pai José Valdivino

↗O Mãe da Lua é um bacu<u>rau</u> ✓
↗É tão bonito como a arvore
↗Como o p<u>au</u> ✓

↗O Mãe da Lua é um bacu<u>rau</u> ✓
↗É tão bonito como a arvore
↗Como o p<u>au</u> ✓

→Quando ele chega lá na aldeia ✓
→Chama o Caboclo do Fogo ✓
→Que ele arreia ✓

→Quando ele chega lá na aldeia ✓
→Chama o Caboclo do Fogo ✓
→Que ele arreia ✓

38 – CHAMADA DE CABOCLO DO FOGO

Toque: Barra-Vento

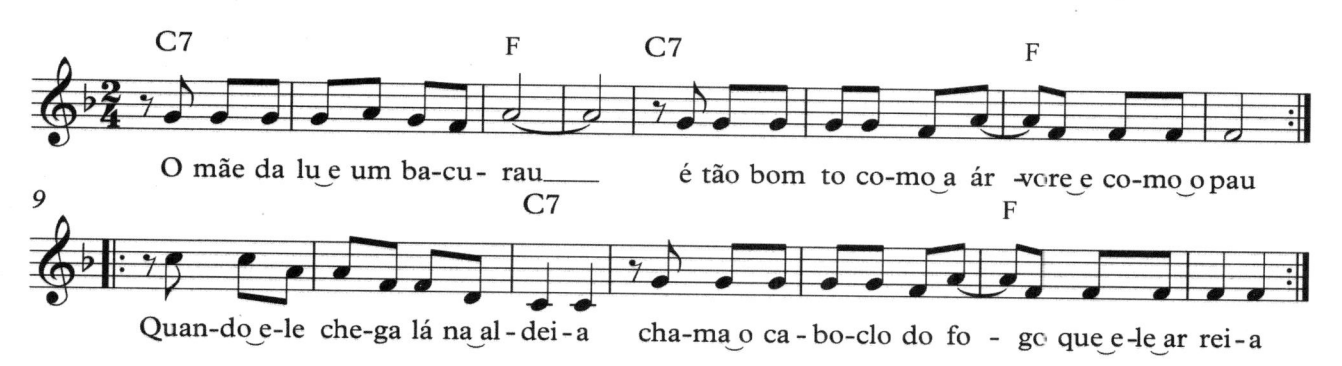

O mãe da lu e um ba-cu- rau___ é tão bom to co-mo a ár -vore e co-mo o pau

Quan-do e-le che-ga lá na al-dei-a cha-ma o ca-bo-clo do fo - go que e-le ar rei-a

(Ijexá, afoxé e variações)

39 – CHAMADA DOS CABOCLOS
"É UMA ANDORINHA"

↗É uma andorinha

↗É um caçador ✓

→Caboclo vai s<u>air</u>

→Da mata r<u>eal</u> ✓

↗É uma andorinha

↗É um caçador ✓

→Caboclo vai s<u>air</u>

→Da mata r<u>eal</u> ✓

39 – CHAMADA DOS CABOCLOS
" É UMA ANDORINHA "

É uma andorinha é um caçador caboclo
vai sair da mata real
É uta real

(Angola e variações)

40 – CHAMA DOS CABOCLOS
" VESTIMENTA DE CABOCLO "

→Vestimenta de Caboclo
→É samambaia é samambaia é ↗ samambaia ✓

→Vestimenta de Caboclo
→É samambaia é samambaia é → samambaia ✓

↗Arreia Caboclo não se atrapalha
→Saia do meio da samambaia ✓

↗Arreia Caboclo não se atrapalha
→Saia do meio da samambaia ✓

40 – CHAMA DOS CABOCLOS
" VESTIMENTA DE CABOCLO "

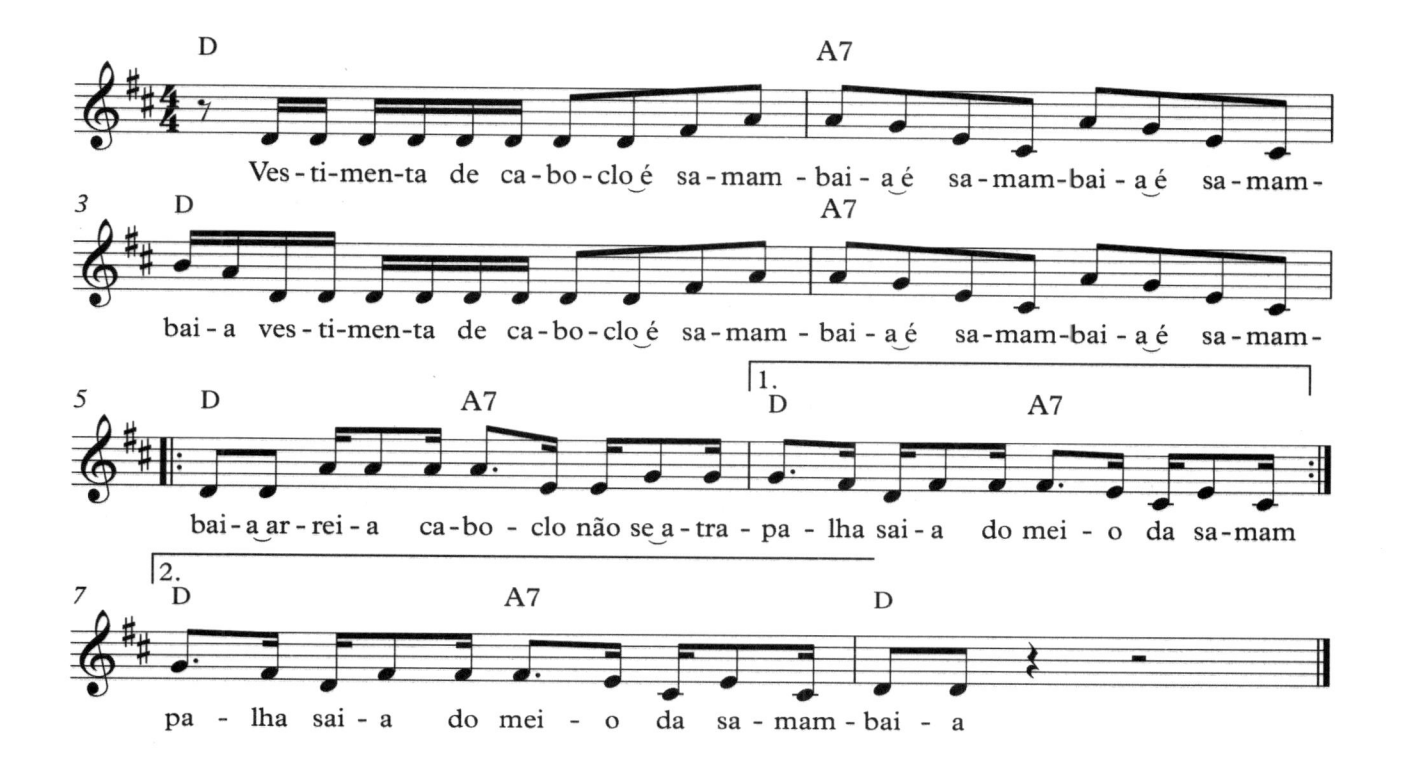

Ves-ti-men-ta de ca-bo-clo é sa-mam-bai-a é sa-mam-bai-a é sa-mam-bai-a ves-ti-men-ta de ca-bo-clo é sa-mam-bai-a é sa-mam-bai-a é sa-mam-bai-a ar-rei-a ca-bo-clo não se a-tra-pa-lha sai-a do mei-o da sa-mam-pa-lha sai-a do mei-o da sa-mam-bai-a

(Nagô e variações)

41 – CHAMADA DE CABOCLOS
" CABOCLO SETE FLECHAS "

↗Seu Sete Flechas falou ✓

↗Que aqui nesta al<u>dei</u>a

↗Falta Caboclo ✓

↗Seu Sete Flechas falou ✓

↗Que aqui nesta al<u>dei</u>a

↗Falta Caboclo ✓

→Pisa pisa pisa ↗Caboclo ✓

→Pisa na areia no rastro dos outros ✓

→Pisa pisa pisa ↗ Caboclo ✓

→Pisa na areia no rastro dos outros ✓

41 – CHAMADA DE CABOCLOS
" CABOCLO SETE FLECHAS "

Seu se - te fle-chas fa-lou que a-qui nes-ta al-dei - a fal - ta ca - bo - clo

Pi - sa pi - sa pi - sa ca-bo - clo pi-sa na a-rei - a no ras-tro dos ou - tros

(Angola e variações)
42 – CHAMA DE CABOCLOS
" SAIU DAS MATAS "

→Saiu das matas coberto de fo<u>lhas</u> ✓

→Chegou na Umbanda coberto de penas ✓

→Saiu das matas coberto de fo<u>lhas</u> ✓

→Chegou na Umbanda coberto de penas ✓

↗Veio saravá / no terreiro de Umbanda ✓

→Veio correr ronda ✓

→Quem mandou foi a Jurema ✓

↗Veio saravá / no terreiro de Umbanda ✓

→Veio correr ronda ✓

→Quem mandou foi a Jure<u>ma</u> ✓

42 – CHAMA DE CABOCLOS
" SAIU DAS MATAS "

Saiu das matas coberto de folhas chegou na umbanda coberto de penas

Saiu das nas Veio saravá no terreiro de umbanda veio correr ronda quem mandou foi a Jurema Veio sara- re ma

(Angola e variações)

43 – CHAMA DE CABOCLAS
CABOCLA JUREMA

→Minhas Caboclas vamos trabal<u>har</u> ✓

→Pra ver a força que a Jurema <u>tem</u> ✓

→Minhas Caboclas vamos trabal<u>har</u> ✓

→Pra ver a força que a Jurema <u>tem</u> ✓

↗Sou da Jur<u>ema</u>, salve a Jur<u>ema</u> ✓

→Ela é uma linda Cabocla de pee<u>na</u> ✓

↗Sou da Jurema, salve a Jurema ✓

→Ela é uma linda Cabocla de pee<u>na</u> ✓

43 – CHAMA DE CABOCLAS
CABOCLA JUREMA

Mi-nhas ca-bo-clas va-mos tra-ba-lhar pra ver as for-ças que a Ju-re-ma tem

Sou da Ju-re-ma salve a Ju-re-ma

e-la é u-ma lin-da ca-bo-cla de pe-na

(Ijexá, Afoxé e variações)
44 – CABOCLA JUREMA

→Jurema, Jurêma, Jurema ✓
→Jurema é uma flor da natureza ✓

→Jurema, Jurêma, Jurema ✓
→Jurema é uma flor da natureza ✓

→Jurema gira nos campos ✓
→Jurema lá nas pedreiras ✓
↗Jurema gira nas matas ✓
→E também nas cachoeiras ✓

→Jurema gira nos campos ✓
→Jurema lá nas pedreiras ✓
↗Jurema gira nas matas ✓
→E também nas cachoeiras ✓

44 – CABOCLA JUREMA

Ju-re-ma Ju-re-ma Ju-re-ma Ju-re-ma é uma flor da na-tu-re-za Ju-re-za Ju-re-ma gi-ra nos cam-pos Ju-re-ma lá nas pe-drei-ras Ju-re-ma gi-ra nas ma-tas e tam-bém nas ca-cho-ei-ras Ju- bém nas ca-cho-ei-ras

(Angola e variações) Roberto da Silva

45 – CABOCLA IRACEMA

→Oh minha bela Iracema ✓
→Aonde está o seu conga ✓
→Aonde está o seu bodoque ✓
→Aonde é o seu canzuá ✓

→Oh minha bela Iracema ✓
→Aonde está o seu congá ✓
↗Aonde está o seu bodoque ✓
→Aonde é o seu canzuá ✓

→Iracema, ✓ Iracema ✓
↗Das águas mansas → da Jurêma ✓
→Lá nas matas de Oxóssi ✓
→Nem a lua nem o sol ✓
→Tem beleza tão igual ✓

→Lá nas matas de Oxóssi ✓
→Nem a lua nem o sol ✓
→Tem beleza tão igual ✓
→Iracema ✓

45 – CABOCLA IRACEMA

Autor: Roberto da Silva

Toque: Angola

Oh! Minha bela Iracema
Aonde está o seu congá
Aonde está o seu bodoque
Aonde é o seu canzuá
Iracema Iracema das águas mansas da Jurema
Lá nas matas de Oxóssi nem a lua e nem o sol
tem beleza tão igual
gual Iracema

D.C.

(Angola e variações)
46 – CABOCLOS – É HORA, É HORA

↗É hora, é hora / ✔

→É hora do calendário → é hora ✔

↗É hora, é hora / ✔

↗É hora do calendário → é hora

→É hora do calendário ✔

→É hora de Deus amém ✔

→Seu (Sete Flechas) vem agora ✔

→Seu (Arranca Toco) vem também ✔

→É hora ✔

46 – CABOCLOS – É HORA, É HORA

Toque: Angola

É hora é hora é hora do calendário é hora é hora é hora do calendário é hora de Deus amém Seu sete flechas vem agora seu arranca toco vem também é hora

D.C.

(Congo e variações)
47 – OXOSSI – NAS MATAS DA MARAMBAIA

↗ Oxóssi é caçador nas matás da Marambáia ✓

↗ Oxóssi é caçador nas matás da Marambáia ✓

→No centro da mata virgem ✓

→Vai quebrando a sapucaia ✓

→No centro da mata virgem ✓

→ Vai quebrando a sapucaia ✓

→Malha Caboclo malha

→Você malha eu ↗ quero ver ✓

→Malha Caboclo malha

→Você malha eu ↗ quero ver ✓

↗Vai quebrando a sapucaia

↗Vai tirando seu dendê ✓

↗Vai quebrando a sapucaia

→Vai tirando seu dendê ✓

47 – OXOSSI – NAS MATAS DA MARAMBAIA

Toques: Congo, Congo de Ouro,
Congo Nagô, Congo de Caboclo

O-xós-si é ca-ça-dor nas ma-tas da ma-ram-bai-a O-tas da ma-ram-bai-a no cen-tro da ma-ta vir gem vai que-bran-do a sa-pu cai-a no cen-bran-do a sa-pu cai-a ma-lha ca-bo-clo ma lha vo-cê ma-lha eu que-ro ver ma-lha eu que-ro ver vai que-bran-do a sa-pu-cai-a vai ti-ran-do o seu den-dê vai que-ran-do o seu den-dê

(Angola e variações)

48 – CABOCLO
" DEBAIXO DE UM PÉ DE INGÁ "

→No centro da mata virgem ✓

→De baixo do pé de Ingá ✓

→Eu vi um Caboclo atirando

→A sua flecha para mat<u>aar</u> ✓

↗Zu<u>ou</u> , zuou

↗A sua flecha zu<u>ou</u> ✓

↗Zu<u>ou</u>, zu<u>ou</u>

↗A sua flecha zu<u>ou</u> ✓

48 – CABOCLO
" DEBAIXO DE UM PÉ DE INGÁ "

No centro da mata virgem debaixo do pé de ingá__ Eu vi um caboclo a tirando a sua flecha para matar__

Zuou__ zu-ou a sua flecha zu-o-ou__ flecha zu-o-ou__

(Angola e variações)

49 – CABOCLO COBRA CORAL

→Se a coral é sua cinta ✓

↗A jibóia é sua lança ✓

→Se a coral é sua cinta ✓

↗A jibóia é sua lança ✓

→Zoa que zoa que zoa ê̲ ✓

↗Caboclo mora nas matas ✓

→Zoa que zoa que zoa ê̲ ✓

↗Caboclo mora nas matas ✓

49 – CABOCLO COBRA CORAL

Se a coral é sua cinta a jibóia é sua lança
Se a cobóia é sua lança zoa que zoa que zoa
ê__ caboclo mora nas matas zoa que mora nas matas

(Angola e variações)

50 – CAÇADOR NA BEIRA DO CAMINHO

→Caçador na beira do caminho ✓

↗Oi não me mate esta coral → na estraada ✓

→Pois ela abandonou sua choupana

↘Caçador ✓

→Foi no romper da madrugada ✓

→Pois ela abandonou sua choupana

↘Caçador ✓

→Foi no romper da madrugada

↗Caçador ✓

50 – CAÇADOR NA BEIRA DO CAMINHO

Ca-ça-dor na bei-ra do ca-mi-nho ôi não me ma-te es-ta co-ral na es-tra-a-da Pois e-la a-ban-do-nou su-a chou-pa-na ca-ça-dor foi no rom-per da ma-dru-ga-da ca-ça-dor

(Ijexá, Afoxé e variações)

51 – CABOCLA JUREMA
" BATEU TAMBOR "

→Bateu tamboor tam<u>bor</u> ✓
↗É umá bel<u>e</u>za ✓
→Hoje eu vou abrir a mesa ✓
→No tronco do Jure<u>má</u> ✓

→Bateu tamboor tam<u>bor</u> ✓
↗É umá bel<u>e</u>za ✓
→Hoje eu vou abrir a mesa ✓
→No tronco do Jure<u>má</u> ✓

→Oi sara<u>vá</u> ✓ povo de pemba ✓
↗Salve a Cabocla Jurema ✓
→Rainha deste con<u>gá</u> ✓

→Oi sara<u>vá</u> ✓ povo de pemba ✓
→Salve a Cabocla Jurema ✓
→Rainha deste con<u>gá</u> ✓

(Angola e variações)

51 – CABOCLA JUREMA
" BATEU TAMBOR "

Bateu tambor tambor tambor é uma beleza hoje eu vou abrir a mesa no tronco do Juremá - co do Juremá

Ôi saravá povo de pemba salve a cabocla Jurema rainha deste congá

Ôi saragá

52 – CABOCLO SETE FLECHAS

→Foi ✓ numa tarde sereena ✓

↗Lá nas matas da Jurema ✓

→Que eu vi um Caboclo bradar ✓

→Foi ✓ numa tarde sereena ✓

↗Lá nas matas da Jurema ✓

→Que eu vi um Caboclo bradar ✓

↗Kiô ✓ kiô kiô kiô kiera ✓

↗Sua mata está em festa / ✓

→Saravá seu Sete Flechas ✓

→Ele é o rei da floresta ✓

↗Kiô ✓ kiô kiô kiô kiera ✓

↗Sua mata está em festa / ✓

→Saravá seu Sete Flechas ✓

→Ele é o rei da floresta ✓

52 – CABOCLO SETE FLECHAS

Foi numa tarde serena lá nas matas da Jurema que eu vi um caboclo bradar - dar ki-ô ki-ô ki-ô ki-ô ki-era sua mata esta em festa saravá seu sete flechas ele é Rei da floresta ki da floresta

(Ijexá , Afoxé e variações)
53 – CABOCLO ROMPE MATO E ARRANCA TOCO

↗Na sua aldeia eles são Caboclos ✔

→Seu Rompe Mato e

→Seu Arranca Toco ✔

↗Na sua aldeia eles são Caboclos ✔

→Seu Rompe Mato e

→Seu Arranca Toco ✔

↗Na sua aldeia ✔

↗Lá na Jureema ✔

→Não se faz nada

→Sem ordem suprema ✔

↗Na sua aldeia ✔

→Lá na Jureema ✔

→Não se faz nada

→Sem ordem suprema ✔

53 – CABOCLO ROMPE MATO E ARRANCA TOCO

Toques: Ijexá, Afoxé

Na sua aldeia eles são caboclos, seu rompe mato e seu arranca toco
Na sua aldeia lá na Jureema não se faz nada sem ordem suprema
Na sua alma

(Angola e variações)
54 – CABOCLO TUPINAMBÁ

↗Estava na beira do rio ✓
↗Sem poder → atrave<u>ssar</u> ✓
→Chamei pelo Caboclo ✓
→Caboclo Tupinam<u>bá</u> ✓

↗Estava na beira do rio ✓
↗Sem poder → atrave<u>ssar</u> ✓
→Chamei pelo Caboclo ✓
→Caboclo Tupinam<u>bá</u> ✓

↗Tupinambá / cha<u>mei</u> ✓
→Chamei tornei chamar ê<u>a</u> ✓

↗Tupinambá / cha<u>mei</u> ✓
→Chamei tornei chamar ê<u>a</u> ✓

54 – CABOCLO TUPINAMBÁ

Toque: Angola

Estava na beira do rio sem poder atravessar
chamei pelo caboclo caboclo tupinambá
'stava na beira do – bá tupinambá
chamei chamei tornei chamar ê-á
tupinambá cha

(Congo e variações)
55 – CABOCLO UBIRAJARA

↗Seu Ubirajara Lá nas matas ele é um <u>rei</u> ✓
→Na Umbanda Ubirajara ele é um Tata ✓

↗Seu Ubirajara Lá nas matas ele é um <u>rei</u> ✓
→Na Umbanda Ubirajara ele é um Tata ✓

→Ele é um <u>rei</u> , ele é um Tata ✓
→Ele é um <u>rei</u> , ele é um Tata ✓

↗E lá nas matas sua flecha zoa ✓
↗E lá nas matas sua flecha zoa ✓

↗Zoa quando sobre
↗Quando desce ela mata ✓

→Ele é um <u>rei</u>, ele é um Tata ✓
→Ele é um <u>rei</u> , ele é um Tata ✓

55 – CABOCLO UBIRAJARA

Toques: Congo de ouro,
Congo Nagô, Congo de Caboclo

Seu Ubirajara lá na mata ele é o Rei na umbanda Ubirajara ele é um tatá. Sua Ubirá tatá. Ele é um Rei. Ele é um tatá. Ele é um tatá. E lá nas matas sua flecha zoa. E lá nas matas. Zoa quando sobe, quando desce e la mata. Ele é um Rei. Ele é um tatá. Ele é um tatá.

(Nagô e variações)
57 – CABOCLO 7 FLECHAS

↗Lê rê rê rê

↗Lê rê rê rê rê rê rê rê rê rê rê rê rá / ✔

↗Lê rê rê rê ✔
↗Caboclo Sete Flechas no congá ✔

↗Saravá seu Sete Flechas ✔
↗Ele é o rei das matas ✔
↗Com a sua bodoca
↗Atira parango ✔
→Sua flecha mata ✔

↗Saravá seu Sete Flechas ✔
↗Ele é o rei das matas ✔
↗Com a sua bodoca
↗Atira parango ✔
→Sua flecha mata ✔
↗Lê rê rê / ✔

57 – CABOCLO 7 FLECHAS

Toque: Nagô

Lê____ rê rê rê Lê rê rê rê rê rê rê rê rê rê rê rá Lê____ rê rê rê Ca-bo-clo se-te fle-chas no con-gá sa-ro-vá seu se-te fle-chas e-le é o Rei das matas____ com a su-a bo-do-ca a-ti-ra pa-ran-go su-a fle-cha ma-ta sa-ra-vá seu se-ta lê rê rê

(Angola e variações)
57 – CABOCLO PENA BRANCA

→Um grito na mata ↗ eco<u>ou</u> ✓
→Foi seu Pena Branca quem che<u>gou</u> ✓

→Um grito na mata ↗ eco<u>ou</u> ✓
→Foi seu Pena Branca quem che<u>gou</u> ✓

→Com sua fle<u>cha</u> ✓

→E seu co<u>car</u> ✓

↗ Seu Pena Branca

→Vem nos <u>aju</u><u>dar</u> ✓

→Com sua fle<u>cha</u> ✓

→E seu co<u>car</u> ✓

↗Seu Pena Branca

→Vem nos <u>aju</u><u>dar</u> ✓

57 – CABOCLO PENA BRANCA

Toques: Angola,
Samba de cabula

Um grito na mata ecoou
Foi seu Pena Branca que chegou
Um com sua flecha com seu cocar
seu Pena Branca vem nos ajudar com sua dar

(Congo e variações)

58 – CABOCLO MATA VIRGEM

→Seu Mata Virgem ✓ nasceu lá nas matas ✓

→Se criou lá nas matas ✓ ↗ Nas matas re<u>ais</u> ✓

→Seu Mata Virgem ✓ nasceu lá nas matas ✓

→Se criou lá nas matas ✓ ↗ Nas matas re<u>ais</u> ✓

→Lê rê rê <u>rê</u> lê rê rê ↗ rá ✓

→Ele é filho de Bartira ✓ neto de Tupinam<u>bá</u> ✓

→Lê rê rê <u>rê</u> lê rê rê ↗ rá ✓

→Ele é filho de Bartira ✓ neto de Tupinam<u>bá</u> ✓

→Bartira é sua <u>mãe</u> ✓ ↗ Seu pai é Aymo<u>ré</u> ✓

→Bartira é sua <u>mãe</u> ✓ ↗ seu pai é Aymo<u>ré</u> ✓

↗É mano de Mata Serrada, ✓

↗Pai de Mata Real, ✓ → seu Mata Virgem <u>é</u> ✓

58 – CABOCLO MATA VIRGEM

Toques: Congo de ouro, Nagô, Congo de caboclo

Seu mata virgem nasceu lá nas matas se criou lá nas matas nas matas reais seu mata-ais Lê rê rê rê lê rê rê rá Ele é filho de bartira neto de tupinambá Lê rê rê bá Bartira É sua mãe seu pai É Aymoré Bar - É mano de mata cerrada pai de mata real seu mata virgem é

(Continuação do ponto 58)

→Fugitivo da Guaranaia, ✓
Com Bartira mulher do ↗ pag<u>é</u> ✓
↗Seu Mata Virgem é rei nas matas ✓
→Ele é chefe da tribo dos Aymo<u>rés</u> ✓
↗Seu Mata Virgem é rei nas matas ✓
→Ele é chefe da tribo dos Aymo<u>rés</u> ✓
→Aymoré moré / mo<u>ré</u> ✓
→Aymoré moré / mo<u>ré</u> ✓
→Aymoré moré / mo<u>ré</u> ✓
↗Sou <u>eeu</u> ✓
→Aymoré moré / mo<u>ré</u> ✓
→Aymoré moré / mo<u>ré</u> ✓
→Aymoré moré / mo<u>ré</u> ✓
↘Sou <u>eeu</u> ✓

(Continuação do ponto 58)

Fu-gi-ti-vo da Gua-ra-na-ia Com Ja-ci-ra mu-lher do pa-jé seu ma-ta vir-gem é rei nas ma-tas e-le é che-fe da tri-bo dos Ay-mo-rés Seu ma-ta Ay-mo-ré mo-

59 – CABOCLO SETE FOLHAS

→Mãe dos ventos as matas balançou ✓

↗Balançou as matas de Odé ✓

↗Sete Folhas ✓ das matas caiiram ✓

→Em cima deste Cacique menino ✓

↗Sete Folhas ✓ das matas caiiram ✓

→Em cima deste Cacique menino ✓

↗Foi quando Odé ✓ Pagé Tupã falou ✓

↗Foi quando Odé ✓ Pagé Tupã falou ✓

→Quando criança cresceer ✓

→Nome já tem ✓ que Deus mandou ✓

→Quando criança cresceer ✓

→Nome já tem que ✓ Deus mandou ✓

↗Vai chamar ✓ ↗ " Guerreiro Sete Foolhas " ✓

↗Vai chamar ✓ ↗ " Guerreiro Sete Foolhas " ✓

→Sete Folhas que ilumina ✓ Sete folhas que chegou ✓

→Sete folhas que ilumina ✓ Sete folhas que chegou ✓

59 – CABOCLO SETE FOLHAS

Toques: Angola, Samba de Cabula

Mãe dos ventos as matas balançou balançou As matas de O-dé sete folhas das matas caíram em cima deste cacique menino Sete nino Foi quando O-dé pajé Tupã falou Foi quando O-lou quando criança crescer nome já tem que Deus mandou Quando criança cresdou Vai chamar guerreiro sete folhas Vai cha- folhas sete folhas que ilumina sete folhas que chegou sete folhas que ilugou

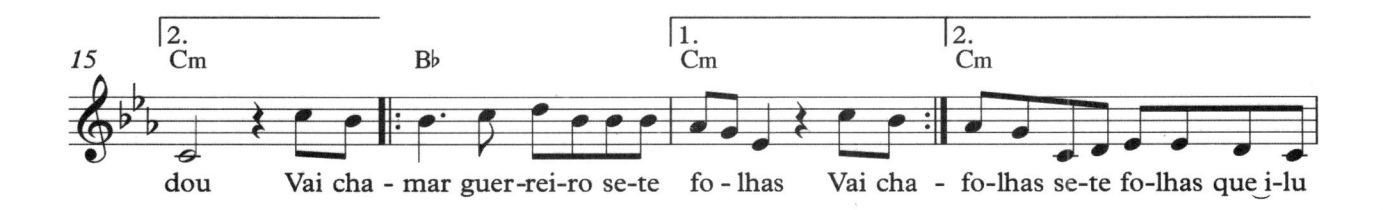

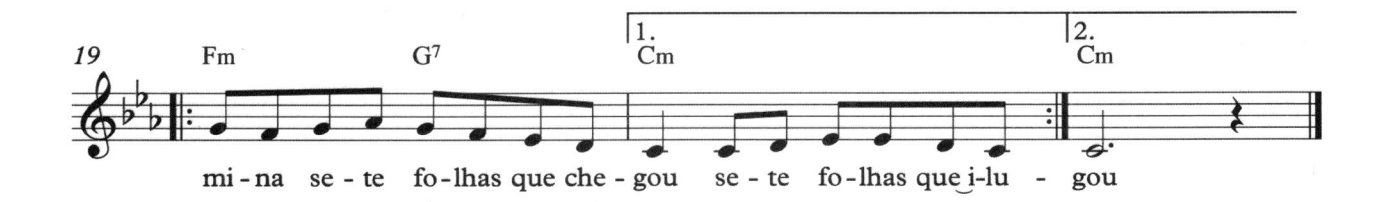

(Nagô e variações)

60 – CABOCLA JUREMA
(Na força dos pais)

↗Ô Juremê, ✔ ô Juremáa ✔

↗Suas folhas caíram serenas Jurema ✔

→Dentro deste conga ✔

↗Juremeira ✔

↗Ô Juremê, ✔ ô Juremáa ✔

↗Suas folhas caíram serenas Jurema ✔

→Dentro deste conga ✔

↗Salve São Jorge Guerreiro ✔

→Salve São Sebastião ✔

↗Salve os filhos da Umbanda

↗Querendo a vossa proteção

↗Juremeira ✔

60 - Caboclas da Jurema
(Na força dos pais)

Toques: Nagô, Arrebate

Ô Juremê ô Juremá suas folhas caíram serenas Jurema Dentro deste congá juremeira-gá salve São Jorge Guerreiro salve São Sebastião salve o povo da umbanda querendo a vossa proteção juremeira

(Nagô e variações)

61 – CABOCLA JUREMA
(Na força das Mães)

↗Ô Juremê, ✓ ô Juremáa ✓ ↗ suas folhas e suas penas ✓
→Embelezam este congá
↗ Juremeira ✓

↗Ô Juremê, ✓ ô Juremáa ✓ ↗ suas folhas e suas penas ✓
→Embelezam este congá ✓

→Iara e Jandira ✓ , ↗ Jupira e Indaiá ✓
↗São estrelas que brilham ✓ no centro do Juremá
↗Juremeira ✓

↗Ô Juremê, ✓ ô Juremáa ✓ ↗ suas folhas e suas penas ✓
→Embelezam este congá ✓

→Pena Branca e Lua Branca ✓
↗E as Sete Cobras Corais ✓
↗São guerreiras e são flecheiras ✓
→No centro do Juremá
↗Juremeira ✓

61 - Caboclas da Jurema
(Na força das mães)

Toques: Nagô, Arrebate

Ô Juremê ô Juremá suas folhas e suas penas embelezam este congá Iara e Jandira Supira e Indaiá São estrelas que brilham no centro do juremá juremeira ô Juremê ô Juremá suas folhas e suas penas embelezam este congá pena branca lua branca E as sete cobras corais são guerreiras são flecheiras no centro do juremá juremeira

(Angola e variações)
62 – CABOCLA JUREMA
" CAPACETE DE PENAS "

→ Que <u>lindo</u> capacete de pee<u>nas</u> ✓

→ Que <u>tem</u> a Cabocla Jurê<u>ma</u> ✓

→ Que <u>lindo</u> capacete de pee<u>nas</u> ✓

→ Que <u>tem</u> a Cabocla Jurê<u>ma</u> ✓

↗ É lindo quem lhe deu foi Oxa<u>lá</u> ✓

→ Jurê<u>ma</u> ✓   ↗ filha de Tupinam<u>bá</u> ✓

→ Jurêma é a rainha das maa<u>tas</u> ✓

→ Lê <u>rê</u> ✓ → lê <u>rê</u> ✓ ↗ lê <u>rá</u> ✓

↗ É lindo quem lhe deu foi Oxa<u>lá</u> ✓

→ Jurê<u>ma</u> ✓   ↗ filha de Tupinam<u>bá</u> ✓

→ Jurêma é a rainha das maa<u>tas</u> ✓

→ Lê <u>rê</u> ✓ → lê <u>rê</u> ✓ ↗ lê <u>rá</u> ✓

62 – CABOCLA JUREMA
" CAPACETE DE PENAS "

Que lindo capacete de penas que tem a cabocla Jurema

Quérema É lindo quem lhe deu foi Oxalá Jurema filha de Tupinambá Jurema é a rainha das matas lê rê lê rê lê rá É rá

(Angola e variações)

63 – SUBIDA DE CABOCLO
" CABOCLO DA JUREMA "

↗ Meu Caboclo da Jurêma / ✓

↗ Onde é que o senhor v<u>aai</u> ✓

↗ Vou a casa de Odéé / ✓

→ O terreiro de meu <u>pai</u> ✓

↗ Meu Caboclo da Jurêma / ✓

↗ Onde é que o senhor v<u>aai</u> ✓

↗ Vou a casa de Odéé / ✓

→ O terreiro de meu <u>pai</u> ✓

→ Na Aruan<u>da</u> ✓ → na Aruan<u>da</u> ✓

↗ Na Aruandaê meu Caboclo de fé

→ Na Aruan<u>da</u> ✓

→ Na Aruan<u>da</u> ✓ → na Aruan<u>da</u> ✓

↗ Na Aruandaê meu Caboclo de fé

→ Na Aruan<u>da</u> ✓

(Nagô e variações)

63 – SUBIDA DE CABOCLO
" CABOCLO DA JUREMA "

Meu caboclo da jurema onde é que o senhor vai
vou à casa de Odé O terreiro de meu pai Meu ca-
reiro de meu pai Na aruanda na aruanda
na aruanda ê meu caboclo de fá na aruanda

64 – SUBIDA DE CABOCLO
" A SUA MATA É LONGE "

→ A sua mata é longe

→ E ele vai embora ✓

→ Ele vai beirando

→ O rio azul ✓

→ Adeus Umbanda

→ (Seu Pena Branca)

→ Vai embora ✓

→ Ele vai beirando

→ O rio azul ✓

65 – (Congo e variações)

64 – SUBIDA DE CABOCLO
" A SUA MATA É LONGE "

A su-a ma-ta é lon-ge e e-le vai em-bo-ra

e-le vai bei-ran-do o rio a-zul

a-deus à um-ban-da seu Pe-na Bran-ca vai em-bo-ra

E-le vai bei-ran-do o rio a-zul. A su-a

65 – SUBIDA DE CABOCLO
"MARÉ MARÉ"

→ Maré maré ✔

↗ Quem tem pemba

↗ Joga fora ✔

→ Maré maré ✔

↗ Seu (Sete Flechas)

↗ Vai embora ✔

→ Maré maré ✔

(Congo e variações)

65 – SUBIDA DE CABOCLO
"MARÉ MARÉ"

Ma-ré ma-ré Quem tem pem-ba jo-ga fo-ra ma-ré ma-ré
seu Se-te Fle-chas vai em-bo-ra ma-ré ma-ré

66 – SUBIDA DE CABOCLO
" MAIS UM ADEUS "

↗ Mais um adeus aleluia ad<u>eus</u> ✔
↗ Mais um adeus aleluia ad<u>eus</u> ✔

→ Vou pra Aruanda
→ Quem vai se embora sou ↘ <u>eu</u> ✔

→ Vou pra Aruanda
→ Quem vai se embora sou ↘ eu

↗ Eu já vou já vou ✔
↗ Eu já vou pra lá ✔
↗ Se (meu pai) me chama ✔
→ Eu já vou me reti<u>rar</u> ✔

↗ Eu já vou já vou ✔
↗ Eu já vou pra lá ✔
↗ Se (meu pai) me chama ✔
→ Eu já vou me reti<u>rar</u>↘ ✔

66 - SUBIDA DE CABOCLO
" MAIS UM ADEUS "

Mais um adeus aleluia adeus mais um adeus aleluia adeus
Vou pra Aruanda quem vai simbora sou eu
Vou pra Aruanda quem vai simbora sou eu
Eu já vou já vou eu já vou prá lá
Se meu pai me chama eu já vou me retirar
Eu já vou já vou eu já vou prá lá
Se meu pai me chama eu já vou me retirar

67 – FECHAMENTO DA GIRA

→ Eu fecho a nossa gira ✔
→ Com Deus e Nossa Senhora ✔
→ Eu fecho a nossa gira ✔
→ Samborê Pemba de Angola ✔

→ Eu fecho a nossa gira ✔
→ Com Deus e Nossa Senhora ✔
→ Eu fecho a nossa gira ✔
→ Samborê Pemba de Angola ✔

→ Nossa gira está fechada ✔
→ Com Deus e Nossa Senhora ✔
→ Nossa gira está fechada ✔
→ Samborê Pemba de Angola ✔

→ Nossa gira está fechada ✔
→ Com Deus e Nossa Senhora ✔
→ Nossa gira está fechada ✔
→ Samborê pemba de Angola ✔

67 - Fechamento da Gira

Eu fecho a nossa gira com Deus e Nossa Senhora
Eu fecho a nossa gira samborê pemba de angola
Eu-rê pemba de angola

Nossa gira está fechada com Deus e Nossa Senhora
Nossa gira está fechada
Samborê pemba de angola
Nossa-rê pemba de angola

Fontes consultadas

Núcleo de Curimba Tambor de Orixá

Escola de Curimba Umbanda e Ecologia

Pontos Cantados e Riscados , Triade Editora

Ogã Roberto da Silva

Pai José Valdivino

Ogã J. B. de Carvalho

Ogã Ailton Silva

Tony Asanah

Paulo Cesar Pinheiro

Colégio de Umbanda Sagrada Pai Benedito de Aruanda

Severino Sena

Severino Sena nasceu em fevereiro de 1958, na cidade de São Paulo, SP, Brasil.

Desde criança, sua mãe já o levava aos terreiros de Umbanda, pois eram vizinhos de um terreiro, mas não eram da religião, como a maioria, eram só frequentadores, daqueles que vão somente quando as coisas não estão bem. Mas o chamado para a espiritualidade já era feito, só que os sinais não eram reconhecidos, pois acompanhava os amigos nos cultos das igrejas evangélicas, foi coroinha na igreja católica, foi anjo em procissão, vejam bem: foi anjo, rsrs.

Então a adolescência chegou e os caminhos foram sendo traçados. Começou a trabalhar em uma empresa em que os diretores eram espíritas e passou então a se interessar por leituras espíritas. Não frequentou o Kardecismo, mas leu bastante e também sobre o Racionalismo Cristão.

Depois veio o casamento com Cida Martins e o nascimento de uma filha: Maysa Sena. Foi aí que a coisa começou a mudar de lado, rsrs, pois Maysa sempre ficava com alguns probleminhas, que o pessoal chama de mau olhado, bucho virado, etc..... Fomos levados a um terreiro de Umbanda, perto da casa de uma tia. Terreiro pequenininho, mas de grande coração e acolhimento, a dirigente era Mãe Nalva; o guia chefe, Sr. José Baiano, muito legal.

Começamos a frequentar, eu na assistência, minha esposa, cunhada Izolina, na corrente, e eu, durante os trabalhos, ficava olhando o que o Ogã fazia. Tudo o que ele fazia eu reproduzia nas pernas, mas na maioria das vezes ele tocava sozinho. E um dia ele me chamou para ajudá-lo. Eu disse que não sabia, nunca havia tocado e ele falou que eu sabia sim, pois já me observava e via que eu repetia os movimentos que ele produzia no atabaque. Então pedi para que ele me ensinasse e dei os primeiros passos.

Sem jeito, sem noção, de toque, canto, Orixás, guias, etc...., um SEM NOÇÃO, rsrs.

Mas fui me dedicando.

Quando, com aproximadamente seis a dez meses, ele saiu do terreiro, a bomba caiu no meu colo. Eu não sabia tocar uma gira. Então tive o apoio da filha da dirigente, que já conhecia como fazer e fomos tocando em frente. Foi quando uma médium da casa viu o meu sufoco e me disse: "Severo, tem uma escola de Curimba lá na Casa Verde Alta, dá uma passada lá e quem sabe dá certo". Foi o que fiz. Peguei o fone, liguei e, no domingo seguinte, estava eu na Escola de Curimba Umbanda e Ecologia dando os meus primeiros toques, em 1991.

Essa escola era dirigida na época pelo Pai José Valdivino da Silva, grande Babalaô, que depois tive a honra de ser seu filho de santo.

A minha evolução na escola foi muito rápida, em um ano e meio estava formado no curso preparatório para Ogã, pois este eu seria feito depois.

Obtive notas que me capacitaram para dar continuidade ao curso e comecei a participar da EXECUTIVA DA ESCOLA. Eram os melhores alunos que sabiam tocar e cantar e que começavam na verdade a fazer o curso de instrutor.

E comecei a fazer esse curso, com o Pai Élcio de Oxalá, Pai José Valter Destefane e Salete de Obaluaê, estes já instrutores da escola desde o início, e depois o curso de aprimoramento com o Ogã, cantor, percussionista, André de Oxóssi e depois conhecido no mundo do samba como André Pantera, pois ele era um dos Ogãs do Terreiro São Sebastião e Sete Flechas da Jurema, onde é a escola. A ele eu reverencio o estilo de toque e canto que procuro manter até hoje, ou seja, tocar atabaque, com cadência, calma, usando o som que o instrumento pode nos dar e não usando de violência ou afobação.

Depois comecei a frequentar o Terreiro de Umbanda Santa Bárbara, dirigido pela Mãe Matilde, fiz grandes amizades, e depois saí para frequentar o Terreiro São Sebastião no qual fui feito no Santo, pelo Pai José Valdivino de Alafin.

Em 1998 comecei a fazer um curso de Teologia de Umbanda ministrado pelo Pai Rubens Saraceni, fiquei impressionado com a forma simples e direta como o Pai Rubens nos transmitia as informações, e a cada aula ia caindo por terra mitos e vendas que sempre colocavam em nossos olhos, por outras pessoas, e fui me interessando cada vez mais.

O Pai Rubens já me conhecia das apresentações da escola nos eventos e festivais da época, e ele queria abrir um curso para formação sacerdotal e iria precisar que uma curimba desse suporte durante as incorporações; a escola atendeu de imediato; começamos a ajudá-lo nas aulas. Os anos foram se passando, e a espiritualidade foi nos chamando para trilharmos outros caminhos. Em 2006 abrimos o Núcleo de Curimba Tambor de Orixá, uma escola criada por Ogã, para Ogãs, e durante muitos anos ministramos aulas em diversos locais, mas a espiritualidade mais uma vez chamou e pediu um local próprio com nosso jeito, nossa cara, e assim depois de três anos de busca e visitas, achamos um local todo degradado, ao lado da Estação Armênia do Metrô. Achei estranho, mas a espiritualidade mais uma vez disse: "É este o seu lugar, arrume e siga sua nova jornada". Então colocamos a mão na massa, mais entraves pela documentação, etc., mas ao final tudo resolvido e em 2 de setembro de 2015, finalmente inauguramos nosso novo espaço, agora voltado também para outros cursos, o INSTITUTO CULTURAL TAMBOR DE ORIXÁ.

Por enquanto vamos parar por aqui, pois a história ainda está sendo escrita...

Meus agradecimentos a todos de coração.

Severino Sena

Luciana Barletta

Luciana Barletta nasceu em São Paulo, capital, Brasil.

Iniciou seus estudos musicais aos 8 anos. Começou estudando piano e em pouco tempo já tocava também flauta doce, acordeon, órgão e violão.

Aos 13 anos, passou a estudar no Conservatório Carlos Gomes, em Campinas, onde concluiu o curso técnico em piano.

Nesse período iniciou sua participação no canto coral, como cantora, pianista e monitora do naipe das sopranos.

Atuou como regente coral pela primeira vez aos 16 anos.

Fez cursos de especialização em Canto Gregoriano, Negro Spirituals, Organologia, Leitura de Partituras de Músicas Antigas, Corais Infantis, Musicalização Infantil, entre outros.

Recebeu premiação da APCA em 1990 como preparadora coral e cravista, com a obra "Missa em Si Menor", de Johann Sebastian Bach.

Continuando seus estudos musicais, ingressou no curso de Bacharelado em Regência na ECA (Escola de Comunicações e Artes), USP (Universidade de São Paulo), formando-se Maestrina.

Durante sua graduação, participou do Coralusp como cantora, monitora e pianista. Trabalhou e estudou com grandes nomes da regência coral e orquestral, brasileiros e estrangeiros.

Apresentou-se nas principais salas de concerto do país.

Foi regente fundadora do Madrigal Prana, grupo vocal com o qual trabalhou voluntariamente durante 23 anos.

Regeu vários coros e orquestras nos festivais de inverno em Campos do Jordão (SP) e Prados (MG).

Tem vários CDs gravados, atuando como cantora, pianista, maestrina e arranjadora.

Cursou mestrado em Musicologia na ECA-USP.

Orientou, preparou dezenas de alunos para ingressar nos principais estabelecimentos de ensino musical do Brasil e do Exterior.

Umbandista há mais de 28 anos, trabalhou em diversos centros, tendas e terreiros.

Estudou Magia e formou-se Sacerdotisa de Umbanda com o Mestre Rubens Saraceni.

Dirigente fundadora da Tenda de Umbanda Oxum da Mina e Ogum Sete Espadas, desde janeiro de 2009.

Realiza um vasto trabalho na área de musicoterapia com adultos e crianças, incluindo bebês, tendo atuado em diversos estabelecimentos de ensino como educadora e terapeuta.

Sócia-proprietária do Prana Espaço Holístico, onde atua como terapeuta holística juntamente com seu marido Walter Pedrassi, desde julho de 2004.

MADRAS® Editora

Para mais informações sobre a Madras Editora,
sua história no mercado editorial
e seu catálogo de títulos publicados:

Entre e cadastre-se no site:

www.madras.com.br

Para mensagens, parcerias, sugestões e dúvidas, mande-nos um e-mail:

marketing@madras.com.br

SAIBA MAIS

Saiba mais sobre nossos lançamentos,
autores e eventos seguindo-nos no facebook e twitter:

@madrased

/madraseditora